Matthias Felix Henke

Fenster zur Welt

Eindrücke aus Brasilien
Tagebuchnotizen

1. Auflage
© 2007 Matthias Felix Henke, Würzburg
Herstellung und Verlag: Books on Demand GmbH, Norderstedt

ISBN: 978-3-8370-0244-7

Bibliografische Information der Deutschen Nationalbibliothek
Die Deutsche Nationalbibliothek verzeichnet diese Publikation in der Deutschen
Nationalbibliografie; detaillierte bibliografische Daten sind im Internet über
http://dnb.d-nb.de abrufbar.

Meinen Eltern
in Dankbarkeit gewidmet,
die mir auch auf diesem Lebensweg
immer mit Rat und Liebe beiseite standen.

Was soll ich nach dem Ärmsten der Armen suchen?
Hier sind wir alle die Ärmsten.

João Babtista da Silva

zu seinem Auftrag, die 50 Ärmsten der Armen in unserem Stadtviertel von Palmas ausfindig zu machen, damit diese zu Weihnachten einen vom Gouverneur gestifteten Sack mit Grundnahrungsmitteln (cesta básica) erhalten können.

Ankunft

Suchend streift mein Blick durch eines der kleinen Flugzeugfenster über die dunkle Erdoberfläche. Es ist vier Uhr morgens, kurz vor der Landung in São Paulo. Mich fröstelt ein wenig, und ich versuche mich in meinem Pullover warm zu halten. Ich habe kein Auge schließen können, obwohl ich schon seit knapp zwölf Stunden in der Lufthansamaschine sitze. Über den schwankenden Flügeln dröhnen die Düsen besonders laut. Durch die kleinen ovalen Fenster versuche ich, draußen etwas zu erkennen. Es ist stockfinster. Nur kleine flimmernde weiße und orangefarbige Leuchtpunkte – die sich mal zu größeren, mal zu kleineren Häufchen zusammenfinden – verraten, dass es dort unten Leben gibt.

Mit 18 Jahren komme ich mir verloren vor, viel zu weit weg von der Erde und von allem, was mir lieb und teuer ist. Ich klappe das kleine Fotoalbum zu, dass mir als Andenken am Flughafen in die Tasche gesteckt wurde. Es ist ein Weg, der mich von meiner Familie und meinen Freunden für 13 Monate trennt. Er führt mich in ein Land, dessen Sprache ich noch nicht sprechen kann, abgesehen von ein paar Wendungen, die mir vor dem Abflug noch schnell beigebracht wurden. Den Sprachkurs hatte ich belegt, um nicht ganz dumm da zu stehen. „Oi. Tudo bem? Meu nome é Matthias. Sou de Alemanha." Mal sehen, ob es klappt.

Mir wird bewusst, dass ich erschreckend wenig über das Land weiß, obwohl ich von der Organisation gut vorbereitet wurde. Ich muss an Wochenende und Kurse über interkulturelle Kommunikation denken, die das Ziel hatten, sich besser in Brasilien zurechtzufinden. Und an die Impfungen gegen Tetanus, Hepatitis A bis C, Gelbfieber usw. Sogar meine Tropentauglichkeit hat man geprüft.

Jedenfalls werde ich nun in Kürze in der

Millionenstadt eintreffen und hoffe, dass die brasilianischen Schwestern mich wie versprochen vom Flughafen abholen. Zuweilen verweilt mein Blick auf einem etwas größeren Lichthaufen, und ich frage mich, ob dieser oder jener São Paulo ist. Doch den Gedanken verwerfe ich schnell, da er nicht größer ist als der von Frankfurt, den ich bei meinem Abflug gesehen habe.

Das Flugzeug schwenkt leicht zur Kurve. Und dann sehe ich sie, die Riesenstadt. Wie aus dem Nichts überschwemmt ein gigantisches Lichtermeer plötzlich das nächtliche Schwarz. Die hell erleuchtete Häuserflut erstreckt sich bis zum Horizont und scheint ins Unermessliche zu steigen, je tiefer das Flugzeug sinkt. Die Größe ist nicht zu erahnen. Wie glutrote Lavaströme durchziehen die funkelnden Autobahnen die Stadt. Es sieht aus, als sei die Erde durch glühende Furchen aufgerissen. Die zahllosen Autos sind wie emsige Ameisen. Immer schneller flitzen die hell erleuchteten Hochhäuser und die grellbunten Reklameschilder heran. Es will kein Ende nehmen. Das Flugzeug scheint in einem elektrischen Feuerball zu versinken. Der Anblick ist schier unglaublich. Schön und schauerlich zugleich.

Mit einem leichten Ruckeln kommt die Maschine zum Stehen. Die Leute klatschen. Das mache ich nie, weil es doch der Beruf des Piloten ist, ordnungsgemäß zu landen. Man steigt zügig aus. Entgegen meinen Erwartungen, dass mir, sobald ich das Flugzeug verlasse, ein feuchtwarmer Luftstrom den Atem stocken lässt, bringt mich in diesem Augenblick etwas anderes fast zum Ersticken. Ein übler Muff von Müll und Dreck liegt in der Luft. Es stinkt ganz erbärmlich. Mein erster Gedanke ist: Du musst hier sofort raus aus dem Loch.

Schnell eile ich in die Ankunftshalle. Sie ist erstaunlich leer, doch es ist noch früh. Die Schwestern, die mich abholen wollen, sind weit und breit nicht zu erblicken. Ich riskiere einen Blick durch die Glastüren. Vor der Halle liegt

6

stinkender Dreck auf der Straße. Man muss sich zusammenreißen, damit einem nicht schlecht wird. Smog liegt in der Luft. Ich blicke in die plötzlich überfüllte Eingangshalle zurück. Überall wimmelt es auf einmal nur so von beschäftigten Menschen, kaum ein Stehplatz ist jetzt zu finden. Es bleibt mir nichts anderes übrig, als zu warten und zu hoffen, dass ich nicht vergessen worden bin. Ich stelle den schmalen Tourenrucksack auf die Bank. Erstaunlich, wie wenig Dinge man für 13 Monate braucht. Er hat 13,5 kg gewogen. Nach ein paar mulmigen Minuten kommen die Schwestern mit einem Lächeln um die Ecke. Sie haben mich gleich erkannt…

Nach herzlicher Begrüßung bin ich froh, dass sie mich auf dem Weg begleiten. Alleine wäre ich in dem Chaos der Megastadt nicht weit gekommen. Zu Fuß geht es vorbei an einer Vielzahl von kleinen Buden und Ständen, in denen man jeden Krims erstehen kann, den man sich vorstellen kann. Mitten auf dem breiten Bürgersteig, auf winzigen Teppichen, umringt von abertausenden Beinen, haben Kinder in dreckigen Kleidern ihre Schätze aufgereiht. An kleinen Ständen bekommt man alles spottbillig: Holzketten, Glückssteine, Batterien, Kassetten, Handytaschen, Messer, Perlen in allen Farben, Federn und vieles mehr. Ab und zu flitzt ein kleiner Junge mit einem schmuddeligen Styroporkasten zwischen den Menschenmassen hin und her und bietet auf Eis gekühlte Dosengetränke oder selbst gemachtes Wassereis in Plastiktütchen für wenige Centavos an. Gerne würde ich ein wenig vor dem Durcheinander verweilen, doch wir haben keine Zeit. Die Läden seien illegal, macht mich eine Schwester aufmerksam. Die Polizei wisse Bescheid, das mache den Kindern aber nichts aus. Keiner hätte etwas dagegen. Die Stände seien ein Barometer der Wirtschaft: Gibt es viele, so gehe es der Wirtschaft gut.

Wir kommen zum Parkplatz und können losfahren. Die Schwestern haben einen alten VW-Bus, der liebevoll

7

strahlend weiß lackiert worden ist. Solch ein knatterndes Ungetüm hatten wir vor Jahren zu Hause für unsere Großfamilie auch einmal gehabt. Inzwischen ist es schon halb sieben Uhr morgens. Die vier- bis siebenspurigen Autobahnen sind hoffnungslos verstopft. Es geht nur langsam durch die Vorstadt, aber das macht nichts, denn so kann ich das Treiben an den Straßenrändern gut betrachten. Vorbei geht es an Müllhaufen, Trümmergrundstücken und Schrottplätzen. Die Abwasserkanäle sind mit schwarzem, stinkendem Schlamm gefüllt. Alte Reifen und tote Fische liegen auf dem Matsch. Zahlreiche Menschen haben sich im Uferdreck kleine Holzhütten gebaut. Die Autoabgase, der Geruch von verbrannten Gummireifen und der Lärm vom hektischen Verkehr scheinen die Menschen an den Straßenrändern nicht zu stören. Gibt es hier denn gar nichts Schönes?

Schon kommen die ersten Elendsviertel. Direkt neben der Autobahn – vielleicht zwei oder drei Meter entfernt – stehen auf Lehm und Müll die notdürftig zusammen gezimmerten Holzbaracken der Armen. Den Sperrplatten und Wellblechdächern sieht man an, dass sie kaum gegen das heiße Klima schützen können. Zwischen den Hütten hocken Menschen, die im Müll nach Nützlichem suchen. Und es sind viele. Die dreckige Kleidung hängt zum Trocknen auf dem Stacheldraht, der verhindern soll, dass Menschen auf die Autobahn laufen. Die wenigen Lumpen, die sie haben, hängen so nah an der Fahrspur, dass sie von den vorbeidonnernden Lkws fast weggerissen werden. Eine unvorstellbare Armut, die man kaum beschreiben kann, sondern mit eigenen Augen gesehen haben muss. In den Medien hört und sieht man öfters von den Slums, in denen so viele Arme leben, jedoch ist die Wirklichkeit wieder ganz anders und viel erschreckender. Noch nie habe ich so arme Geschöpfe gesehen. Nur hilflos kann ich aus dem Auto das Elend betrachten. Ich fühle mich schlecht. Und das sollte erst der Anfang sein.

Zwischenstation Leme

Nach einigen Stunden Fahrt durch das Häusermeer von São Paulo, in deren Verlauf der Knatterbus immer wieder an Zollstationen Halt macht, um eine geringe Autobahngebühr aufzubringen, kommen wir endlich in Leme an. Die Stadt liegt in der näheren Umgebung von São Paulo. Hier ist die Zwischenstation in der ersten Woche, bis ich später zu meinem eigentlichen Einsatzort Palmas im Bundesstaat Tocantins weiterfahre. Bis dahin soll ich einen Einblick in die hiesige Arbeit der Schwestern bekommen.

Erneut werde ich im Haus mit aller Herzlichkeit aufgenommen. Höflichkeitsfloskeln oder steifes Benehmen fallen weg. Die Brasilianer sind von Natur aus offen und freundlich gegenüber jedem Fremden. Leider ist die Verständigung auf Portugiesisch schwer. Mehr als eine kurze Vorstellung ist nicht drin. Wirkliches Leben und Sprachübungsstunden in Deutschland klaffen noch weit auseinander. Die Novizinnen sprechen besser Deutsch als ich Portugiesisch. So findet die erste Unterhaltung in meiner Heimatsprache statt. Es ist ein wenig peinlich. Ich nehme mir vor, schnellstens über Nacht ein paar Vokabeln zu pauken. Freundlich wird mir ein Zimmer zugeteilt. Es ist ein Schlafsaal mit sieben einfachen Holzbetten. Ich hoffe, dass einige Schwestern nicht meinetwegen umgezogen sind. Das Zimmer ist sehr schlicht eingerichtet. Ein paar kleine Bilder, ein paar Nachttische und ein schmaler Tisch. Ein uralter Ventilator rauscht vor sich hin und lässt an bessere Tage denken. Er wedelt mehr Staub auf als alles andere. Für einen Moment genieße ich dennoch den kühlen Wind, der wie Balsam über die schweißnasse Haut weht.

Die Schwestern bewohnen ein Provinzhaus inmitten des recht ruhigen Städtchens. Das alte Kolonialgebäude ist mit frischer blauer Farbe verputzt und hat weiße, hölzerne

9

Läden an den hohen, weißvergitterten Fenstern. Unter den Rundbögen des Innenhofes findet man angenehmen Schatten. Der Garten steht in voller Blüte duftender Pflanzen, Bananenstauden und exotischer Palmen. Durch das wuchernde Grün führen ein paar angelegte Wege mit braunen Steinplatten. Staunend betrachte ich die riesigen violetten Blüten an den üppigen Rankesträuchern. Und plötzlich sehe ich zum ersten Mal in meinem Leben einen Kolibri. Es ist wirklich ein selten schöner Anblick, mit welcher Leichtigkeit und Zierde sich der kleinste Vogel der Welt in der Luft bewegt. Sein smaragdgrünblaues Gefieder schimmert edel in der Sonne. Für einen glänzenden Augenblick hält er vor einem exotischen großen Blütenkelch inne und saugt mit seiner langen Zunge den bereitgestellten süßen Nektar. Aber bevor ich ihn näher betrachten kann, flattert er schon wieder fort, als wäre er nie da gewesen. Der Garten ist von einer hohen Mauer umgeben, die um das ganze Anwesen führt. Die roten Riesenblüten der hochwuchernden Sträucher überdecken nur teilweise die scharfen Glasscherben, die zum Schutz vor unerwünschten Eindringlingen in die Mauerkrone einbetoniert sind. Der Kontrast ist brutal. Die Glasscherben blitzen im Sonnenlicht in allen Farben. Wenigstens das passt zu den Blüten.

Nach ein paar Augenblicken der Entspannung von den Strapazen der Anreise sehe ich mich auf dem Gelände um. Direkt neben dem Konvent sind 260 Kinder in einer creche untergebracht. Creche bedeutet Kinderkrippe. Die Kinder werden schon vor 6.00 Uhr morgens von den Müttern, die über Tag auf Zuckerrohr- oder Orangenplantagen arbeiten müssen, abgegeben und abends wieder mitgenommen. Es kümmern sich zwei Schwestern mit einigen Laienhelferinnen um die quirlige Kinderschar. Sie werden rund um die Uhr betreut. Es wird mit ihnen gespielt, gebastelt, und – was für die Kleinen besonders wichtig ist – sie bekommen zu essen.

10

Als ich durch die angelehnte Tür schaue, wird es für einen kurzen Moment ganz still im Raum. Ich werde mit großen staunenden braunen Augen angeschaut. Zögerlich kommen die Kinder näher. Ein Kind hat den Mut, mich kurz an der Hose zu berühren, es lässt aber sofort wieder los und rennt lachend davon. Kichernd hört man immer wieder alemão – Deutscher. Die Kinder haben solche Ähnlichkeiten mit den Kinderfotos meines Bruders. Einer meiner vier Geschwister ist nämlich ein Adoptivkind aus Brasilien. Dies lässt mich an meine Familie daheim in der Ferne denken. Ich vermisse sie schon, aber an Heimweh ist nicht zu denken. Dafür sind all die neuen Eindrücke zu stark.

Ich werde auf eine Erkundungstour durch die Stadt Leme eingeladen. In der Zwischenzeit ist die Sonne höher gestiegen. Es wird ein sehr heißer Tag. Doch noch ist mir das recht. Schon lange hatte ich die ewigen Regentage satt. Die Mango- und Mamão-Bäume werfen einen wohltuenden kühlen Schatten auf die schmalen Bürgersteige, von welchen ich, geschützt vor der brennenden Sonne, die Gegend erkunden kann. Die Innenstadt ist gepflegt und zeigt nicht viel Armut. Die Häuser sind alle nicht sehr groß, jedoch machen sie einen sauberen Eindruck. Leider sind sie hinter hohen Mauern versteckt. Viele Bewohner haben große Hunde, die anschlagen, wenn man einen vorsichtigen Blick durch die Eisentore in die kleinen Vorhöfe werfen möchte. Bei dem Gang durch die Straßen werde ich von den Einheimischen sofort als Fremder erkannt. Sie drehen sich um und gucken mir neugierig hinterher. Ich fühle mich ständig beobachtet. Dies ist aber weniger unangenehm als ungewohnt.

Wir kehren zum Provinzhaus zurück, um mit dem Auto weiter stadtauswärts zu fahren. Durch freundschaftliche Kontakte der Schwestern zu den Armen in den Elendsgebieten am Stadtrand bekomme ich schnell einen ganz anderen Eindruck von Leme. Die Schwestern fahren täglich in die Elendsgebiete, um die Menschen mit Lebensmitteln zu

11

unterstützen. Heute möchten sie noch mehrere Familien besuchen. Ich darf sie auf ihrer Runde begleiten.

Mit dem Jeep verlassen wir die gepflasterten Straßen. Die staubigen Feldwege sind uneben, und es ruckelt im Wagen, als führe man durch offenes Gelände. Plötzlich erkennt man deutlich, dass die Häuser von eigener Hand errichtet worden sind. Die niedrigen Bauten bestehen aus roten Ziegeln. Sie sind unverputzt und stehen im Rohbau. Wir halten vor einem der vielen. Es ist schäbig und alt. Das Dach besteht aus Wellblechpappe, der Vorplatz aus festgetretenem roten Lehm und Steinen. Dort stapelt sich das Gerümpel zu Haufen von zerbeulten Blecheimern, grünen Plastikflaschen, alten Matratzen und Sperrholz. Mitten im Müll sitzen ein paar alte Greise unter einem schattigen Mamão-Baum und schauen uns nach.

Wir wollen eintreten. Man muss wissen, dass hier die meisten Häuser keine Klingel haben. Man klatscht in die Hände, um auf sich aufmerksam zu machen. So ist es auch dieses Mal. Schon nach wenigen Klatschern und Rufen öffnet sich die Tür; eine alte Frau schaut verwundert durch den Türspalt. Trotz ihres sichtbar uralten Kleides macht sie einen gepflegten Eindruck. Freundlich lädt sie uns in ihre kleine Hütte ein und gewährt einen Einblick in ihren Lebensbereich. Doch bevor wir ihr Haus betreten dürfen, müssen wir einen Moment warten. Sie möchte es schnell noch aufräumen. Sie hat nicht erwartet, Besuch zu bekommen.

Wir treten in einen einzigen schummrigen Raum. Überall sind Ritzen, es ist dunkel und viel zu klein. Schnell wird es sehr eng. Der Fußboden ist eine einfache Betonschicht. Sie hat Risse. Stolz zeigt die Frau ihre Habseligkeiten: ein uraltes, kaputtes Sofa ohne Kissen und Bezug, ein Kinderbett zum Schlafen und ein Regal. Auf dem Brett an der bröckelnden Wand stehen wenige Teller und drei Gläser, die zum Teil schon kaputt sind, daneben eine zerborstene halbe Blechdose, in der ein paar Messer und eine verbogene Gabel stehen. Das sei ihr ganzes Geschirr, sagt sie, zeigt es und ist stolz. An der unverputzten Wand hängt an einem lockeren Nagel ein kleines in Holz eingerahmtes Foto. Das Bild ist so vergilbt, dass man die Umrisse der abgebildeten Person nicht mehr erkennen kann. Das ist alles, was sie hat. Doch die Frau ist nicht unglücklich, man spürt es. Es gibt mir zu denken, wenn man sieht, wie zufrieden man sein kann, bei nicht einmal $15m^2$ Wohnraum für vier Personen. Der Reichtum der Armen liegt nicht in materiellen Dingen, sondern in der sauberen Atmosphäre, die sie sich selbst schaffen. Der Stolz dieser Frau ist, eine gewisse Ordnung in ihr chaotisches Umfeld zu bringen und damit das Beste aus ihrer Situation zu machen.

Bald fahren wir weiter. Die nächste Frau, die wir besuchen, ist 23 Jahre alt. Sie wohnt in einer noch erbärmlicheren Unterkunft und hat bereits sieben Kinder. Sie trägt einen dunklen Rock bis zu den Knien, eine weiße, zerknitterte, leicht schmutzige Bluse. Als wir uns zu ihr gesellen, wird sie nervös. Sie zupft an ihrer Kleidung und versucht, sie glatt zu streichen. Es macht den Anschein, als sei ihr die Kleidung für den Anlass nicht schön oder nicht angemessen genug. Zwei ihrer kleinen Kinder hält sie an der Hand. Ein Drittes spielt vor ihr im roten Staub, es scheint etwas entdeckt zu haben, vielleicht einen kleinen Stein oder eine Schraube. Die Schwestern laden ein paar Lebensmittel ab. Es sind ein Liter Milch und ein kleiner Sack Reis, da sich die Familie nicht selbst versorgen kann. Die junge Frau bedankt sich stumm mit einem glücklichen Lächeln.

Und so werden mir noch andere Schicksale im Elendsviertel vorgestellt. Man kann wirklich sagen „vorgestellt", denn ich fühle mich wie ein Tourist, dem die Besonderheiten einer Stadt vorgeführt werden. Es ist ein unangenehmes Gefühl von den armen Leuten gemustert zu werden. Ich würde gerne wissen, was in ihnen vorgeht. Freuen sie sich über meine Anwesenheit? Die wissen doch gar nicht, was ich hier mache. Aber ich weiß es ja selbst noch nicht wirklich. Was halten sie von uns Europäern? Und so stehe ich da in sauberer, frischer Kleidung und kann nichts anderes tun als hingucken. Aber schon bald geht es weiter über unasphaltierte Straßen, deren Schlaglöcher uns kräftig durchschütteln.

Auf dem Rückweg fällt mir auf, dass sich sogar hier die Menschen hinter hohen Zäunen verschanzen. Wer kann, baut Mauern mit Eisenspitzen oder einbetonierten Glasscherben auf der Mauerkrone. Die meisten Türen und Fenster sind mit Gittern versehen. Ich frage mich, was denn gestohlen werden soll. Die Menschen besitzen keine Wertsachen in unserem Sinn. Für sie sind die wertvollsten materiellen Dinge vielleicht der Kühlschrank, der Fernseher, der nie fehlt und immer läuft, der Tisch oder die Stühle. Man sagt mir, dass man in Brasilien mit der Bebauung eines Grundstücks so verfährt, dass man zunächst die Mauer um das Grundstück hochzieht, damit die übrigen Baumaterialien für das Haus im Inneren der Mauer sicher lagern können. Erst dann wird mit dem eigentlichen Bau begonnen. Die Angst vor Überfällen ist so hoch wie die Mauer, die sie davor schützen soll.

Zum Schluss unserer Rundfahrt machen wir einen Halt am kürzlich erbauten Altersheim, welches von den Schwestern verwaltet wird. Es erscheint in krassem Kontrast zu der gerade erlebten Armut. Der Komplex steht auf einem riesigen Grundstück mitten in der Stadt und ist supermodern. Die Fußböden sind gefliest, die Räume haben Klimaanlagen und großzügige Bäder. Im Keller finden sich eine Sauna und ein großer Swimmingpool. Sogar eine Volière für exotische Vögel steht im Garten. Noch wohnt fast kein Mensch in dem Riesengebäude, weil es sich die Bevölkerung nicht leisten kann. Aber selbst wenn, dann würde es sicherlich mehrere Jahrzehnte dauern, um die Unkosten zu decken. Das macht mich wütend. Warum hat man von diesen Geldern den

14

Armen keine besseren Häuser gebaut? Oder wieso dürfen nicht wenigstens vorläufig ein paar von ihnen darin wohnen? Fragen, die ich gerne den Schwestern stellen würde. Doch sie kommen mir provokant vor angesichts der entwaffnenden Gastfreundschaft, die ich bei ihnen als Neuankömmling erfahre, und bleiben deshalb ungestellt.

Am späten Abend besuche ich mit einer jungen Schwester die Universität von Leme. Das Gebäude ist nicht weit entfernt. Wir erreichen es mit einem gut erhaltenen VW-Käfer, die in Brasilien noch hergestellt werden. Am Eingang der Universität steht Wachpersonal. Nur mit einem Universitätsausweis kommt man hinein. Doch als der Wächter hört, ich sei aus Deutschland und wolle mir die Universität anschauen, lässt er mich gegen Vorzeigen meines Personalausweises freundlich passieren. Zuvor muss ich mich aber in ein dickes Anwesenheitsbuch eintragen. Eine Schwester studiert Mathematik im zweiten Semester. Ich darf sie in eine Vorlesung begleiten. In dem kleinen Hörsaal mit Holzstühlen wird Zinsrechnung besprochen. Die Studenten sind sehr erstaunt, dass ich dem Unterricht folgen kann. Aber Zahlen sind überall gleich. Mit Hilfe des Wörterbuches löse ich die Aufgaben von der Tafel. Sie sind nicht schwer.

Bonsucesso und Vida Nova

Andernorts in Leme führen die brasilianischen Schwestern eine kleine, aber stark gefragte Gesundheitspraxis namens „Bonsucesso" (Guter Erfolg) mit bioenergetischer Behandlung. Ich werde gefragt, ob ich mich zu einer Gesundheitsuntersuchung bereitstellen möchte. Allerdings werden die Krankheiten für deutsches Medizinverständnis auf ganz ungewöhnliche Weise diagnostiziert.

Zunächst müssen wichtige Vorbereitungen getroffen werden, damit die Körperenergien gemessen werden können. Ich werde aufgefordert, Namen und Geburtsdatum anzugeben. Beides kritzele ich mit einem schwarzen Kuli auf das Formular. „Daran kann man schon viel ablesen!", meint die Schwester. Dann muss ich die Schuhe ausziehen und mich zur Isolierung auf ein Holzbrett stellen. Die Armbanduhr muss abgelegt werden, „da sonst der Empfang gestört würde." Alle anderen Personen im Raum werden gebeten, aus dem gleichen Grund zweieinhalb Meter Abstand zu halten.

Dann kann es losgehen: Mit einer alten Autoantenne wird mein Körper an ganz bestimmten Punkten abgetastet. „Hier sind Drüsen mit unvorstellbarer Kraft!" Während die Schwester mit der Antenne über meinen Körper streicht, zieht ihr eine Helferin immer wieder an der anderen Hand, um elektrische Impulse auszulösen. Gleichzeitig muss ich mit dem ausgestreckten Zeigefinger meiner rechten Hand nach und nach in einer Plastikmappe auf die verschiedenen im Land vorkommenden Krankheiten zeigen, die dort tabellarisch angeordnet sind. Damit soll der Kreis der Krankheit geschlossen werden. Die Ärztin murmelt dabei unaufhörlich Worte, die ich nicht verstehen kann. Ich komme mir albern vor.

Zum Schluss der Behandlung kommt sie zu dem

16

Ergebnis, dass ich einen zu niedrigen Blutdruck und einen zu hohen Cholesterinspiegel habe. Und das, obwohl ich in Deutschland von verschiedenen Ärzten auf meine Gesundheit und Tropentauglichkeit geprüft worden bin. „Das ist gar nicht gut!", meint sie und verschreibt mir gleich fünf verschiedene Kräuter für einen Tee. Darunter sind auch getrocknete und zerstoßene Bananenblätter. Es ist eine Auswahl der wohl über 100 verschiedenen vorrätigen Heilpflanzen, die in hohen Regalen bis zur Decke in Bonsucesso säuberlich gelagert werden. Des Weiteren wird mir zehn Tage lang verboten Brot, Zucker, Milch und bestimmte Früchte zu essen. Mal sehen, ob ich das durchhalten werde.

Dann bin ich allerdings sprachlos, als ich erfahre, dass durch diese Behandlungsmethode schon große Erfolge erzielt wurden. Sogar die Ärzte aus der Stadt verweisen Patienten und eigene Kinder hierher, und kommen sogar selbst und werden geheilt... Davon beeindruckt probiere ich später den verschriebenen Tee. Er schmeckt so grässlich, dass ich meine Behandlung vorzeitig abbrechen muss und leider nicht erfahre, ob sie gewirkt hat.

In Leme gibt es auch ein von den Schwestern unterstütztes Betreuungsheim für Drogenabhängige und Alkoholiker namens Vida Nova (Neues Leben). Geleitet wird es von einem jungen Mann, der 20 Jahre lang selbst drogenabhängig war, aber sein Leben gerade durch diese Arbeit gemeistert hat. Er meint, dass er bereits mit zehn Jahren Drogen konsumiert habe. Die Drogensüchtigen können hier bis zum Alter von 26 Jahren untergebracht werden. Es gibt viele Doppelbetten in mehreren Schlafsälen, die alle belegt sind.

Die Heilungsmethode liegt in der Selbstbeschäftigung. Das Heim versorgt sich so gut wie es geht mit eigens angebauten Nahrungsmitteln. Nur das Allernötigste wird eingekauft. Hinter dem Haus werden verschiedene Gemüsearten und eine ganze Anzahl von Früchten angebaut.

17

Geerntet wird mehrmals im Jahr. Es reicht nicht nur für den eigenen Bedarf. Manchmal werden auch große Gemüseeintöpfe für andere zubereitet. Die Portionen werden zuvor groß angekündigt und nach dem Gottesdienst vor der Kirche verkauft. Viele Familien kommen und holen sich für wenig Geld eine gesunde Mahlzeit ab.

Neben dem Gemüse- und Obstanbau besitzt das Heim eine eigene Schweine- und Kaninchenzucht. Die Tiere werden selbstverständlich selbst geschlachtet. Zudem hat man hinter dem Stall ein Zuckerrohrfeld angelegt, wofür man extra ein kleines Feld angekauft hat. Das Zuckerrohr steht in voller Pracht, und man bietet es uns roh zum Essen an. Mit einem scharfen Messer wird die hölzerne Rinde von dem dicken Schaft geschält. Das feste, fasrige Mark im Inneren kann man direkt aus dem Rohr lutschen. Die Fasern selbst haben eine leicht rötliche Färbung. Es ist das erste Mal, dass ich Zuckerrohr esse. Es ist so süß, als ob man in eine Zuckerstange beißt. Das Rispengras enthält bis zu 18% Zucker. Normalerweise wird das Rohr nicht roh gegessen, sondern in einer uralten, handbetriebenen Kurbelpresse zwischen zwei Walzen zerquetscht. So gewinnt man natürlichen Zuckersaft. Mit viel Wasser verdünnt und verfeinert mit frischem Limonensaft ergibt es ein äußerst süßes Erfrischungsgetränk.

Zusätzlichen Gewinn macht das Heim mit einer eigenen Regenwurmzucht. Die Würmer werden in großen flachen Betongruben gehalten. Nährboden ist feuchtwarmer Mist aus der Schweinezucht. Normalerweise werden diese Regenwürmer für Angler bis nach Europa exportiert. In diesem Jahr ist jedoch auf Grund des heißen Klimas die gesamte Zucht vertrocknet. Aber im nächsten Jahr wird wieder losgelegt, wird mir verraten. Keine Zeiten, um aufzugeben.

Palmas

Der eigentliche Einsatzort meines Anderen Dienstes im Ausland ist Palmas im Bundesstaat Tocantins. Palmas liegt ungefähr 1700 km nördlich von São Paulo. Vor der langen Fahrt höre ich, dass die Überlandbusse ausgezeichnet sind, aber mit einem solchen Luxus habe ich dann doch nicht gerechnet. Ich sitze in einem 5-Sterne-Bus mit Klimaanlage, Getränkeautomat, bequemen Liegesitzen vor einem Fernseher und kann meine Füße weiter ausstrecken als im Flugzeug. In Brasilien wird fast ausschließlich mit solchen Bussen gereist. Züge gibt es kaum, und Flugreisen können sich nur die Reichen leisten. Leider sind die Gepäckräume unten im Bus so überfüllt, dass ich gezwungen bin, mein gesamtes Gepäck mit nach oben in den Sitzraum zu nehmen. Die Blicke von den anderen Passagieren sind nur noch auf mich gerichtet, als ich umständlich meinen Rucksack im Handfach verstaue. Ein Europäer und dann noch so beladen! Wo will der denn hin?

Insgesamt dauert die Busreise ca. 32 Stunden. Eigentlich habe ich mich schon auf eine entspannende Reise in das Landesinnere von Brasilien gefreut, jedoch muss ich feststellen, dass die einzige Straße in den Norden mehr aus Schlaglöchern als aus befahrbarem Asphalt besteht. Der Busfahrer muss immer wieder scharf abbremsen, um die tiefen Krater zu umkurven. Hupende entgegenkommende Lkws, die im letzten Moment hektisch ausscheren, sind keine Seltenheit. Auch werden riskante Ausweichmanöver bis auf die Gegenspur in Kauf genommen, um die Stoßdämpfer und die Insassen zu schonen.

Doch die Bemühungen nützen wenig. So bleibt es nicht aus, dass alle Insassen von Kopf bis Fuß durchgeschüttelt werden. Zeitweise fühlt es sich an, als habe man auf einem Presslufthammer Platz genommen. Jedenfalls

19

verschwimmt die kleine grüne Lichtanzeige für die Klimaanlage über mir zu einem nicht mehr erkennbaren Fleck. Die anderen Brasilianer scheint das Geruckele nicht zu stören, vielmehr schlafen sie sogar seelenruhig in ihren gepolsterten Sesseln. Mir kommen die bequemen Sitze gar nicht mehr so komfortabel vor.

Ich versuche, mich mit einem Blick in die Landschaft abzulenken. Die holprige Überfahrt durch die Prärie quer durch das endlosweite Brasilien geht an riesigen eingezäunten Fazendas vorbei. Die großflächigen Gebiete sind durch schnurgerade verlaufende Zaunpfosten markiert. Meterhohes vertrocknetes Gras säumt den Straßenrand. Ab und zu kann man ein vertrocknetes Gehölz oder vereinzelte Palmen entdecken. Der orangerote Horizont mit der untergehenden Sonne wirkt verschwommen, entweder durch die flimmernde Hitze oder die vibrierende Glasscheibe des Busses.

Alle zwei Stunden, auch während der Nacht, legt der Bus eine erholsame Pause ein, um Passagiere aufzunehmen oder hinauszulassen. Manche gehen schnell duschen oder erledigen das Menschliche. Als ich gegen Mittag bei einer Pause aus dem klimatisierten Bus steige, kommt mir eine feuchte Wand aus Hitze entgegen, und das Atmen fällt schwer, da man nur heiße Luft einatmet. Die Hitze bringt die Luft über der Fahrbahn zum Flimmern. Die Sonne glüht und legt ihre Strahlen wie eine schwere Last auf die Schultern. Alle Bewegungen im Freien fallen immer schwerer; je länger man sich draußen aufhält, desto träger fühlt man sich. Ich frage mich, wie ich das ein volles Jahr durchstehen soll, und hoffe gleichzeitig, dass der Effekt durch das stundenlange Sitzen im klimatisierten Bus zustande kommt. Schnell ziehe ich mich wieder in den Bus zurück. Wie froh ich bin, als ich nach den Tagen im Bus endlich in Palmas ankomme, kann man sich denken.

Dort werde ich von den brasilianischen Schwestern vom Busbahnhof abgeholt und erneut äußerst freundlich

20

aufgenommen. Gleich zur Einstimmung laden sie mich in eine churrascaria – eine Grillerei – mit typisch brasilianischer Küche ein. In der Mitte des großzügigen Raumes steht neben den langen Tischen ein riesiges Büfett mit allen Leckereien, die man sich vorstellen kann: unglaubliche Salate mit Tomaten, Paprika und Oliven, unbekannte tropische Früchte, Melonen, Birnen, gebratene Maniok- und Eiergerichte, in Kräuter eingelegte Auberginen, Hähnchenkeulen, die herrlichsten Soßen, einfach alles.

Man braucht sich nur einen Teller zu holen und sich so viel zu nehmen, wie man möchte. Sobald man wieder am Tisch Platz genommen hat, kommt der Kellner mit einem großen Fleischspieß. Dann kann man auf ein gewünschtes Fleischstück zeigen, und er schneidet es mit einem Säbel ab. Das knusprige Fleisch von Rind, Schwein oder Hähnchen ist lecker und gut gewürzt. Der Spieß wird über offenem Feuer an einer Seite des Saales gebraten. Ununterbrochen bringt der Kellner Nachschub. Sogar Hühnerherzen und Zunge sind dabei, was ich allerdings freundlich ablehne. Man darf so viel essen, wie man Lust hat. Dazu gibt es brasilianisches Bier. Die anstrengende Busfahrt ist schnell vergessen, und bei einem solchen Festmahl kommt man schnell ins Gespräch.

Eine der Schwestern ist deutsch, wohnt aber schon seit über dreißig Jahren in Brasilien. Sie hat sich ihr ganzes Leben für die Armen eingesetzt. Seid vier Jahren ist sie nun hier in Palmas, der vor erst elf Jahren gegründeten Hauptstadt des neuen Bundesstaates Tocantins. Dem Wunsch nach Unabhängigkeit des Nordens vom übrigen Teil des früher einheitlichen Bundesstaates Goiás wurde nachgegeben. Der Grund war eine ungerechte Verteilung der Gelder, die hauptsächlich in den Süden des damals einheitlichen Bundesstaates geflossen sind. Mein neuer Wohnort Palmas liegt mitten in einer Steppe mit vertrockneten, mannshohen Gräsern. Die Stadt hat den Ruf, einer der heißesten Orte Brasiliens zu sein. In den europäischen Wintermonaten erreichen die Temperaturen täglich zwischen 35° und 40° Grad. In der Sonne wird es bis zu 50° Grad heiß. Dann ist nur selten eine Wolke am Himmel zu erkennen. Die Trockenheit im tropischen Winter verursacht täglich rund 100 Buschfeuer in und um Palmas herum. Ständig brennt es irgendwo, was man an den dicken Rauchschwaden erkennen kann. Aber zum Glück wird bald die Regenzeit einsetzen: Täglich eine Stunde Platzregen, der die Temperaturen auf angenehme 30° C senkt.

Die Einwohner von Palmas sind Zuwanderer aus verschiedenen Landesteilen mit unterschiedlicher kultureller Prägung. Inzwischen hat die Stadt rund 150.000 Einwohner und ist mit einer jährlichen Wachstumsrate von rund 28% die schnellstwachsende Stadt Brasiliens. Die Hälfte aller Einwohner ist unter 18 Jahren.

Die Stadt ist mit Präzision aus dem Boden gestampft worden. Alle Straßen sind großzügig angelegt. Sie sind schnurgerade und dreispurig, wobei die Gegenspuren durch Grünstreifen und eine Palmenallee abgetrennt sind. Zwei Straßen treffen sich immer im rechten Winkel – meistens in einem Kreisel. Die Hauptstraßen führen von vier Seiten auf den Regierungspalast zu, der auf einem kleinen Hügel im Zentrum der Stadt liegt. Ursprünglich trafen sich hier die Straßen in einem Riesenkreisel. Vor drei Jahren hat man sich jedoch entschlossen, einen großen Park mit Regierungsgebäuden um den Palast zu bauen und gab dafür Millionen aus. Nun ist der Verwaltungsbereich um den Regierungspalast dreimal so groß wie unser Stadtviertel, in welchem rund 1500 Personen wohnen.

Vor vier Jahren hat sich der inzwischen wiedergewählte erste Gouverneur von Tocantins in Palmas niedergelassen. Er zog in das Haus des alten und zweiten Gouverneurs. Jener ist bei Amtsantritt mit einem Hubschrauber über die junge Stadt geflogen und hat sich auf einem Hügel einen Ort für seinen Palast gewählt.

Ansiedlungen in der unmittelbaren Umgebung seines Palastes hat er, so heißt es, nicht zugelassen und die dortige Bevölkerung zum sofortigen Umzug innerhalb von drei Monaten gezwungen. Wohl stellte er damals Lastwagen zum Umzug zur Verfügung. Die Familien durften soviel mitnehmen, wie sie wegtragen konnten. Diejenigen aber, die sich weigerten, ließ er kurzer Hand verhaften oder mit Polizeikraft vertreiben, höre ich.

Als Ausgleich stellte der damalige Gouverneur allen Familien ein neues Grundstück in einem anderen Stadtviertel bereit. Jedoch verloren die Menschen alles Geld, was sie zuvor in den Häuserbau investiert hatten. Die Regierung gab als Entschädigung zusätzlich zum Grundstück eine kostenlose Unterstützung beim Neubau, allerdings nur bis zu einer Häusergröße von 30m^2. Während in der Stadt ein Fest gefeiert wurde, so wird erzählt, ließ der Gouverneur in einer Blitzaktion alle übrig gebliebenen unbewohnten Häuser einreißen, um einer Wiederbesiedlung zuvorzukommen. In dem auf diese Weise entstandenen neuen Stadtviertel haben die Schwestern, die ich bei ihrer Arbeit in den kommenden Monaten unterstützen soll, ihre Unterkunft.

Erste Arbeitstage

Seit Gründung der Stadt versucht die Kirche ihren Beitrag zu leisten, damit die einzelnen Stadtteile ein menschlicheres Gesicht bekommen. Einige Viertel stehen mitten im sozialen Brennpunkt. In ganz Palmas gibt es nur wenige katholische Kirchen, obwohl der Großteil der Bevölkerung dieser Religion angehört. Soziale Strukturen sind noch im Aufbau. Dabei steht die katholische Kirche allerdings nicht allein. Auffallend ist die starke Verbreitung neugegründeter Religionsgemeinschaften. In Palmas gibt es allein 150 verschiedene junge Kirchen. Ihre Anzahl steigt.

Gleich neben dem Schwesternhaus, in dem ich untergekommen bin, soll auf dem Nachbargrundstück ein Komplex entstehen, der sowohl eine neue Kirche als auch ein Gemeindezentrum enthält. Während der Bau des Gemeindezentrums fast abgeschlossen ist, steht von der Kirche erst ihr Fundament. Wegen der einsetzenden Regenzeit wird mit dem eigentlichen Bau der Kirche erst im kommenden Jahr begonnen. Das neue Gemeindehaus soll für die junge Gemeinde bis zur Fertigstellung der Kirche zentrale Stelle für gemeinsame Gottesdienste, Katechesen sowie Versammlungen von Kinder- und Jugendgruppen sein. Zwar ist der Rohbau schon recht weit fortgeschritten. Doch muss noch vor Beginn der Regenzeit das Dach fertiggestellt werden. Dabei mitzuhelfen soll eine meiner Aufgaben werden.

In meiner Ankunftswoche – rund zwei Monate vor den nächsten Wahlen – gibt der Gouverneur bekannt, 1500 Arbeitslose in Palmas beschäftigen zu wollen. Verteilt in der ganzen Stadt sollen die Neubeschäftigten soziale Einrichtungen unterstützen. Sie erhalten einen Stundenlohn von 1,88 Reais. 1 Real entspricht etwa einem halben Euro. Sie verdienen also knapp einen Euro pro Arbeitsstunde. Dabei ist

24

zu bedenken, dass die Lebenshaltungskosten in Brasilien mit Ausnahme der Miete annähernd vergleichbar sind mit denen aus Deutschland. So kostet etwa eine eisgekühlte Coladose 1 Real. Ein reiner Luxus für die Arbeiter.

Unserer Gemeinde möchte der Gouverneur zunächst 50 Personen zur Verfügung stellen. Vorläufig sollen sie von der Gemeinde eigenständig ausgewählt werden. Jedoch lässt sich der Gouverneur die Option offen, innerhalb der kommenden Woche die Anzahl der Beschäftigten auf 20 Personen zu reduzieren. Das Gouverneursprojekt mit dem Motto „trabalho e qualificação para todos" (Arbeit und Ausbildung für alle) soll vor allem den Arbeitslosen eine Chance bieten, nicht nur ein halbes Jahr lang Geld zu verdienen, sondern sich gleichzeitig in den kostenlosen Kursen im Stadtzentrum weiter auszubilden. Im Stadtzentrum von Palmas werden zu diesem Zweck einmal in der Woche verschiedene Ausbildungsmöglichkeiten, die z.b. Bereiche der Ernährung, Gesundheit und anderes abdecken, angeboten.

Der Beginn dieses Regierungsprojektes fällt zufällig genau in die Woche meiner Ankunft. Somit bin ich von Anfang an dabei. Die 50 Arbeiter, die von den Schwestern ausgewählt wurden, werden in mehrere kleinere Gruppen aufgeteilt. Eine Gruppe Männer hilft beim Bau des Gemeindezentrums mit. Eine andere Gruppe Frauen verarbeitet Stoffe, die mit großen Paketen aus Deutschland zugesandt werden, und stellt daraus Kleidungsgegenstände und Tücher her. Diese sollen später auf Basaren zu Gunsten des Kirchbaus verkauft werden. Auch die Brasilianer vor Ort sollen auf diese Weise etwas zum Kirchbau beisteuern, da man nicht gänzlich auf finanzieller Hilfe aus Deutschland angewiesen sein möchte. Der nächste Basar soll in ein paar Tagen stattfinden.

In einer anderen Gruppe wird in freiwilliger Zusammenarbeit mit Frauen aus der Gemeinde Spielzeug hergestellt, welches später ebenfalls auf dem Basar verkauft werden soll. Ich beteilige mich. Als erstes werden bunte Rasseln für Kinder hergestellt. Dabei achten wir darauf, so wenig Geld wie möglich auszugeben. Deswegen sollen die Rasseln nur aus Pappmaché bestehen. Nachdem wir jede Menge alte Zeitungen zerrissen haben, stellen wir den Kleister her. Dazu wird Mehl im Wasser erwärmt. Verrührt man darin die Zeitungsschnipsel, erhält man eine klebrige Masse. Diese wird schließlich über einen aufgeblasenen Ballon geklebt. Steinchen von der Straße, Reiskörner oder Soja dienen als Inhalt. Als Stiel nehmen wir abgeschnittene Äste von umstehenden Bäumen. Nach dem Trocknen werden die Rasseln in ihren individuellen Größen mit bunten Farben kunstvoll bemalt. Das Schöne ist, dass jede Rassel unterschiedlich klingt. Ein hübsches Spielzeug für Jung und für Alt.

Im Eifer des Gefechts entstand die Idee, aus dem übrig gebliebenen Pappmaché Puppenköpfe anzufertigen. Sie sollen so geformt werden, dass man einen Finger von unten hineinstecken kann. Im Laufe des Nachmittags haben wir ein kleines Puppentheater fertig gestellt. Stolz zeigen wir die Puppentheaterfiguren den Kindern. Jedoch müssen wir feststellen, dass sich die kleinen Brasilianer ganz und gar nicht über ein Puppentheater freuen. Sie kennen es einfach nicht und wollen viel lieber eine eigene Puppe in ihren Händen halten, um mit ihnen zu spielen. Und so wird die allzu deutsche Idee schnell verworfen. Die Pappköpfe werden zu Puppen umgebaut. Einige Frauen machen sich sofort daran, für jeden Kopf ein passendes Gewand zu schneidern. Dabei benutzen sie unter anderem auch die Reststücke meiner Hemdärmel, die ich auf Grund der Hitze habe kürzen lassen. Nichts wird weggeworfen. Im Laufe der Tage haben wir jede Menge Puppen hergestellt. Die andere Gruppe hat eine Unmenge von Kleidungsstücken geschneidert. Der Tag des Basars rückt näher.

26

Für den Verkauf auf dem Basar wird einer unserer Männer beauftragt. Antunio (alle im Buch vorkommenden Namen sind frei erfunden, vor allem die der Politiker, von denen später noch ausführlicher berichtet werden soll) kann aufgrund seiner schweren Erkrankung seinen früheren Beruf nicht mehr ausüben. Er hat Lepra. Wegen seiner Arbeitsunfähigkeit hat er keinen Sinn mehr in seinem Leben gesehen. Er saß den ganzen Tag in seinem Haus und hat vor sich hingestarrt. Dadurch, dass er auf unserem Markt ein paar Kleidungsstücke erfolgreich verkaufen kann, arbeitet er nicht nur und verdient Geld, sondern vertraut uns etwas an, was viel wichtiger ist: In der Zukunft will er auch für sich selber Kleidung verkaufen. Er hat bereits Initiative ergriffen und seinen Sohn beauftragt, in eine andere Stadt zu fahren, um dort billig Kleidung einzukaufen, um sie dann hier in Palmas mit Gewinn weiterzuverkaufen. Plötzlich sieht er wieder einen Sinn in seinem Leben.

Inzwischen haben die Schwestern noch weitere Arbeitsgruppen eingerichtet. Eine von ihnen kümmert sich um eine Familie, die nicht weit vom Schwesternhaus entfernt wohnt. Die kinderreiche Familie kann sich nicht selber versorgen. Von sieben Kindern sind bereits vier verstorben, die anderen drei Söhne leiden an Mangel- bis Unterernährung. Als wäre das noch nicht Unglück genug, leidet eine Tochter am Down-Syndrom. Die Familie wird nicht nur mit Essen versorgt, sondern es wird ihr zusätzlich noch beigebracht, wie man sich gesund ernährt. Man versucht, an einem schattigen Plätzchen im Garten ein paar Kräuter dem harten, rotstaubigen Boden abzuringen, damit die Familie täglich Vitamine zu sich nehmen kann. Eine weitere Gruppe bekommt die Aufgabe, Kinder von der Straße zu holen und sie sinnvoll zu beschäftigen. Diese Kinder sind keine Straßenkinder im eigentlichen Sinne. Sie haben noch eine Familie, wo sie essen und schlafen können. Jedoch verbringen sie den ganzen Tag auf der Straße. Sie wissen nicht, was sie machen können. Die Stadt bietet kaum Freizeitangebote wie Spielplätze oder andere soziale Einrichtungen wie Sportvereine. Vor lauter Langeweile beginnen die Kinder, Unsinn zu treiben, der sie schnell auf die schiefe Bahn bringen könnte. Die Beschäftigung der Kinder soll eine Art Vorbeugemaßnahme sein.

Mir wird freigestellt, an welcher Gruppe ich mich beteiligen möchte. Ich entscheide mich für die Truppe, die auf dem Bau mithilft, und für die Gruppe, die sich für die Kinder von der Straße einsetzt. Beides hat mir zugesagt, zum einen, weil ich etwas mit meinen Händen schaffen möchte, das für die Zukunft steht, und zum anderen, weil ich mich unmittelbar mit der Armut auseinandersetzen möchte, indem ich persönliche Kontakte mit den Kindern knüpfe. Gearbeitet werden soll acht Stunden am Tag, jeweils vier Stunden vormittags und nochmals vier Stunden nach der Mittagspause. Die Arbeitseinteilung darf ich selbst bestimmen: Vormittags helfe ich auf dem Bau und nachmittags arbeite ich zusammen mit den Kindern.

Auf dem Bau zu arbeiten ist für mich ganz neu, zumal ich während meiner Schulzeit gar nicht körperlich gearbeitet habe. Ich strenge mich so gut an, wie es geht. Zunächst mische ich Beton und schiebe ihn dann mit Schubkarren zur Verarbeitung. Ich helfe auch oben auf dem Dach mit. Insgesamt müssen 16.000 Dachziegel gelegt werden. Und das im Wettlauf gegen die einsetzende Regenzeit. Aber es scheint, als würden wir diesen Wettlauf gewinnen. Jeder einzelne Dachziegel wird von unten hochgeworfen, oben aufgefangen und zum Legen weitergereicht. Die Arbeit auf dem Dach ist extrem anstrengend, da man sich dort oben nicht gegen die direkte Sonneneinstrahlung schützen kann. Ich creme mich mit Schutzfaktor 30 ein. Leider muss ich die Erfahrung machen, dass die gesamte Creme wieder ausgeschwitzt wird, auch wenn man sich eine halbe Stunde vor diesem Sonnenbad eincremt. Die Folge ist, dass meine Nasenspitze nach ein paar

Tagen feuerrot verbrannt ist und sich wochenlang schält. Die Stangen sind durch die Sonnencreme und den Schweiß extrem rutschig. Man muss höllisch aufpassen, nicht herunterzufallen, denn Geländer oder Gerüste gibt es nicht. Im Übrigen auch keine Schutzhelme!

Straßenkinder, Palmas/Tocantins

30

Janela para o Mundo

Am Nachmittag soll zum ersten Mal ein Zusammentreffen mit den Kindern stattfinden. Ein bisschen aufgeregt bin ich schon, da ich immer noch so gut wie kein Portugiesisch sprechen kann. Hoffentlich können die Kinder mich verstehen. Und hoffentlich kommen überhaupt welche. Auf jeden Fall möchte ich nicht unvorbereitet sein und lese ein paar portugiesische Kinderbücher, die ich mir von den Schwestern ausgeliehen habe, auch um die Sprache zu lernen. Ich entscheide mich dafür, erst einmal ein wenig mit den Kindern zu malen, denn dafür braucht man nicht allzu viele Sprachkenntnisse.

Der Unterricht soll in einer ehemaligen Notkirche auf dem Nachbargrundstück stattfinden. In dieser wurden vor der Fertigstellung des Dachs des Gebäudes die Gottesdienste gefeiert. Inzwischen können die Messen in einem großen Saal im Keller des ansonsten noch im Rohbau stehenden Gemeindezentrums gefeiert werden. Die kleine Notkirche ist nur zu einem Teil mit Wellblechpappen überdacht und hat zwei offene Wände, die erst bis zur halben Höhe gemauert wurden. Es erinnert an einen Viehstall. Allerdings fällt wenigsten jede Menge Licht in den Raum. Das große Holzkreuz aus zwei genagelten Querbalken, welches noch bis vor kurzem an einer der beiden Wände hing, ist schon in den Keller des Gemeindezentrums getragen worden. Die Wände sind unverputzt, und an einem Dachbalken hängt ein uralter Ventilator. Funktionieren tut er nicht. Die Notunterkunft hat weder Stühle noch Tische. Nur zwei morsche Bänke stehen in der Ecke. Ich stelle eine alte Tafel als Vorbereitung auf eine dieser Bänke. Sogar ein paar Krümel Kreide konnte ich auf dem Dachboden des Schwesternhauses finden.

Am Nachmittag sind dann wirklich einige Kinder im Alter von ungefähr acht Jahren gekommen. Es hat sich

31

herumgesprochen, dass ein Deutscher bei den Schwestern untergekommen ist. Sehr zögerlich kommen sie herein und setzen sich auf die Holzbank. Ohne lange Vorerklärungen beginne ich einfach den Unterricht. Ich erzähle ihnen, dass wir heute eine Giraffe malen wollen, und ich zeichne ohne viele Worte zunächst einen Kreis an die Tafel. Die Giraffe habe ich genommen, weil sich das portugiesische Wort girafa leicht aussprechen lässt. Die Kinder zeichnen ihn ab. Sie haben ein paar Stifte und Papier mitgebracht. Noch ein Kreis, ein paar Striche, und es werden Hals und Beine gemalt. Die Kinder folgen meinen Versuchen.

Ich stelle fest, dass man sich mit Kreide, Tafel, Fuß und Händen recht gut verständigen und sogar unterhalten kann. Wörter, deren Übersetzung ich noch nicht kenne, male ich einfach an die Tafel, und die Kinder malen ebenfalls alles, was ich nicht verstehen kann. Sie haben ihren Spaß. Mit Freude lernen sie, Löwen, Katzen, dann Fische zu zeichnen. Immer wieder und immer wieder, bis sie es können und darüber vor Freude lachen.

Dann hole ich den Lederfußball heraus, den ich aus Deutschland mitgebracht habe. Mein Fußballverein hat ihn mir als Geschenk mitgegeben. Was für eine Überraschung! Und so kommt es, dass wir in einer ehemaligen Kirche Fußball kicken. Die Wände dienen als Bande. Die beiden Holzbänke sind die Tore. Ein Kreidestrich markiert die Torlinie. Die Kinder sind in ihrem Element. So beherrscht einer sogar den schwierigen Hackentrick, wobei man den Ball von hinten über den Gegner heben kann. Wir spielen, bis wir vor Erschöpfung müde werden, und ich beende meinen ersten Unterrichtstag.

Jeden Nachmittag arbeite ich in diesem Kinderprojekt. Stets muss ich mir etwas Neues einfallen lassen, um die Kleinen auf Trab zu halten. Dabei gehen auch mir zwei Arbeiterinnen des Gouverneurprojektes zur Hand, bis ich die Sprache besser beherrsche. Langsam lerne ich die

Kinder näher kennen. Manche von ihnen gehen nicht zur Schule, da ihnen ein Heft fehlt. Statt dessen lungern sie auf der Straße herum. Schon nach ein paar Tagen entwickelt sich ein regelmäßiges Treffen. Das Fußballspielen hat sich herumgesprochen, und es kommen mehr Kinder.

Im Laufe der ersten Wochen erlerne ich die Zahlen auf Portugiesisch und kann eine Nachhilfemöglichkeit im Rechnen anbieten. Jedoch muss ich feststellen, dass vielen der Kinder die einfachsten Grundkenntnisse fehlen. So haben mehrere im Alter von zehn bis zwölf Jahren Schwierigkeiten mit der Addition und Subtraktion im Zehnerbereich. Eine Zehnjährige kann nicht bis zehn zählen. Mit viel Geduld wiederhole ich ständig die Zahlenfolge, aber nur mit Schwierigkeiten kann sie sich die Reihenfolge einprägen. Aber nach wenigen Wochen haben wir kleine Fortschritte erreicht: Eine Schülerin (9 Jahre), die zuvor überhaupt nicht rechnen konnte, beherrscht inzwischen bei Addition und Subtraktion den Zahlenraum immerhin bis 20. Ein anderes Mädchen (12 Jahre) kennt keine Farben. Wenn man auf einen Gegenstand zeigt, kann sie nicht sagen, welche Farbe er hat. Es ist mühselig, ihr alle Farbtöne beizubringen. Ein anderes Problem besteht im Lesen. Immer wieder wiederhole ich mit viel Geduld Satz für Satz und manchmal Wort für Wort, bis alles einschließlich der Satzmelodie stimmt. Damit meine ich, dass bei einem Punkt der Sprachfluss unterbrochen werden muss und bei einem Fragezeichen die Stimme angehoben werden sollte. Es wird so lange geübt, bis es richtig können. Viele Kinder sind intelligent, doch kennen sie keine Förderung.

Da das reine Pauken langweilig wäre, hat dieses Projekt zusätzlich eine praktische Ausrichtung: Wir basteln, malen, veranstalten kleine Wettspiele und sticken. Dieses komplizierte Handwerk musste ich mir selber erst einmal anlernen. Ich habe tausend Mal in den eigenen Finger gepiekst, bis ich den Dreh für den Kreuzstich heraus hatte.

Aber es lohnt sich: Die Kinder haben einen Heidenspaß. Die meiste Freude bereitet ihnen aber immer noch das Fußballspielen mit dem echten Lederball. Man muss wissen, dass sie sonst mit einer alten Blechdose auf der Straße kicken. Fast alle Kinder sind darin unglaublich begabt. So hält ein elfjähriges Mädchen den Ball spontan 50 Mal in der Luft. Es ist wirklich schade, dass diese Talente wohl kaum eine Möglichkeit haben, jemals entdeckt zu werden.

Durch den Spiellärm in der Notkirche werden immer weitere Kinder von der Straße angelockt. Einmal sind drei Mädchen im Alter von vielleicht zwölf bis dreizehn Jahren dabei. Direkt sagen sie zu mir, wie schön ich doch aussehen würde, besonders die Augen würden ihnen gefallen. Sie fragen, ob ich mit ihnen tanzen gehen wolle, in Kürze würde ein Folklore-Abend an der praia, am Strand, stattfinden. Ich bin so erstaunt, dass ich gar nichts sage. Da sehen sie meinen Fotoapparat und wollen sofort ein Foto von mir mit ihnen knipsen lassen. Als ich beim Fotografieren eines der Mädchen in den Arm nehme, quietscht es vor Vergnügen. Ob sie denn auch in der Lernrunde mitmachen wollen? Mit Begeisterung sagen sie zu.

Trotz einiger Fortschritte im Lernen haben wir viele andere Probleme, die uns zum Improvisieren zwingen. Die Kinder haben weder Hefte, Stifte noch Papier, welches sie in den Unterricht bringen könnten. So bleibt mir nichts anderes übrig, zunächst nur mit Hilfe der Tafel zu unterrichten. Da die Notkirche zum Teil offene Wände hat, nur zur Hälfte mit Wellpappe bedeckt ist und sich langsam die Regenzeit bemerkbar macht, wird man völlig nass, wenn man sich nicht in eine der zwei trockenen Ecken des Raumes zurückzieht. Und wir haben immer noch keine Bänke oder Tische, um richtig unterrichten zu können. Geld, um sie kaufen, steht nicht zur Verfügung. Bis wir eine Lösung für das Problem finden, müssen wir uns im Mathematik- und Portugiesischunterricht auf Frage- und Antwortspiele

34

beschränken.

Dennoch ist das Projekt inzwischen zu einem richtigen kleinen Klub mit regelmäßigen Treffen herangewachsen. Die Aktion hat sich im ganzen Stadtviertel schnell herumgesprochen, und es kommen immer mehr Kinder und wollen mitmachen. Sie geben dem Klub einen eigenen Namen: *Janela para o mundo – Fenster zur Welt*. Vielleicht ist es ein Projekt mit Zukunft. Die Arbeit macht Spaß. Insbesondere wenn ich sehe, dass einzelne Kinder Fortschritte machen. Ich sage mir immer, besser kleine als keine.

Aber die Arbeit mit den Kindern hat nicht nur Sonnenseiten. Eines Tages bekomme ich eine entsetzliche Nachricht. Nicht 100 Meter von unserem Haus entfernt, wurde ein Mädchen aus dem Kinderklub von einem Auto erfasst und schwer verletzt. Sie ist hart mit dem Kopf auf die Straße aufgeschlagen, so dass Blut aus ihren Ohren geströmt ist. Rettungsversuche waren vergebens. Sie starb. Sie war eines von den drei Mädchen, die in den ersten Tagen in den Klub gekommen sind und die ich beim Fotografieren in den Arm genommen habe. Ich kann es nicht fassen, dass sie gestern noch so fröhlich Fußball gespielt hat.

Spielbaum der Kinder, Palmas/Tocantins

Wächter mit Gewehr

Keinem Menschen darf man hier trauen, warnen mich die Schwestern. Sie unterstreichen damit eindeutig ihre Bitte, das Haus nach halb zehn Uhr abends nicht mehr zu verlassen. Viel zu gefährlich! Hinaus zu gelangen wäre auch gar nicht möglich, denn dicke Eisengitter schützen sämtliche Fenster des Konvents und eine massive Eingangstür aus speziellem Hartholz sollen unerwünschte Besuche während der Nacht verhindern. Zusätzlich legt ein Wächter jeden Abend zwei stabile Eisenstangen mit Extraschlössern von innen an die Tür, die zusätzlich in der Wand verankert sind. Auch ein Hineinkommen ist undenkbar.

Nachts schläft der Wächter – mit geladenem Karabiner und Pistole bewaffnet – in seiner Hängematte unter dem Dach. Unter einem alten Matratzenstapel hat er einen rostigen, aber scharfen Säbel versteckt. Vom Speicher aus hat er durch die kleinen Fenster trotz der Dunkelheit einen guten Überblick über das gesamte umliegende Gelände.

Diese Vorsichtsmaßnahmen scheinen nicht übertrieben zu sein, wenn man die unglaublichen Geschichten der Schwestern hört. So ist es mehrfach vorgekommen, dass Einbrecher versucht haben, in den Konvent einzubrechen. Ein paar Monate vor meiner Ankunft wurde eine der Schwestern beim Wäscheaufhängen im Garten von bewaffneten Personen überrascht. Mit vorgehaltener Pistole zwangen sie die Schwester, sie ins Haus zu lassen. Diese reagierte aber geistesgegenwärtig und schlug blitzschnell die Hintertür zu und verriegelte sie von innen. Die gescheiterten Einbrecher gerieten dermaßen in Wut, dass sie mit aller Wucht versuchten, die Eisentür einzutreten. Doch die massive Eingang hielt der Gewalt stand. Als alle Versuche vergebens waren, zog einer von den Gangstern seine Pistole und schoss gegen die Tür. Noch heute ist das Einschussloch als tödliche Warnung zu sehen.

Dass wir uns hier in einem sozialen Brennpunkt von Palmas befinden, sollte mir alsbald ganz deutlich vor eigene Augen geführt werden. Die Warnung der Schwestern vor hoher Kriminalität sollte nicht unberechtigt gewesen sein. Doch davon möchte ich später berichten.

Leibwächter Reginaldo, Palmas/Tocantins

39

Sie kämpfen mit allen Mitteln

In einem ganz anderen Kampf befinden sich gerade die Politiker in Brasilien. Alle vier Jahre am ersten Oktober stehen überall im Land die Wahlen der Bürgermeister und ihrer Amtsräte an. Ich glaube, in keinem anderen Land wird so viel Geld für den Wahlkampf ausgegeben wie hier in Brasilien. Auch in Palmas läuft die Wahlpropaganda auf Hochtouren. Es soll das neue Oberhaupt der tocantinischen Hauptstadt gewählt werden. Die hohen Mauern um die Häuser werden an ihren Frontseiten mit den Namen der Politiker bemalt, aber auch die einfachen Hauswände werden gegen ein kleines Entgelt mit den Wahlslogans beschrieben oder mit Plakaten beklebt.

Zum Erstaunen bringt mich eine bemalte Mauer direkt auf der gegenüberliegenden Seite des Schwesternhauses. Der Werbeslogan eines promovierten Politikers hat in einem Wort zwei Rechtschreibfehler. Freilich wird er ihm nicht selbst unterlaufen sein, aber auf welche Art hier propagandiert wird, lässt über die Ausbildung des Volkes nachdenken. Dem Slogan selbst ist noch ein zweites Versprechen zu entnehmen, denn der Politiker macht publik, auf keinen Fall korrupt zu sein.

Alle Straßen des Viertels sind übersät mit kleinen Flugblättern, die aus vorbeifahrenden Autos geworfen werden. Meistens sind nur der Kopf und die Wahlnummer des sich zur Wahl stellenden Politikers abgedruckt. Und bereits Wochen vor der Wahl fahren Propagandawagen mit großen Musikboxen durch die Straßen und verbreiten – untermalt von ohrenbetäubenden, rhythmischen Bässen – die Wahlprogramme. Die große Box auf dem Dach des Wagens, die zuweilen sogar größer ist als ihr fahrbarer Untersatz, darf nie fehlen. Im Schritttempo durchqueren sie die gesamte Stadt. Es sind meist uralte Wagen, die über und über mit

Aufklebern der jeweiligen Partei beklebt sind. Die Bevölkerung liebt diese Wagen. Für einen kurzen Augenblick halten die Menschen inne und tanzen manchmal auf offener Straße zu der lautstarken Musik. Sogar unsere Arbeiter auf dem Bau tanzen in luftigen Höhen auf den schmalen Brettern der wackligen Gerüste mit.

Auffallend ist, dass kurz vor der Wahl Lebensmittel oder Freifahrkarten für den öffentlichen Stadtverkehr verteilt werden. Die Politiker zeigen sich wirklich von ihrer großzügigsten Seite. Schnell werden noch einige Straßen geteert oder die Bordsteine mit frischer, weißer Farbe bestrichen. In vielen Brasilianern steckt die Mentalität, dass man den entsprechenden Politiker dann als Dank wählen muss nach dem Motto: Der hat mir geholfen, also helfe ich ihm auch. Jedoch, so sagt man mir, halten die Spendierhosen der Politiker zumeist nur bis kurz nach den Wahlen an. Danach kann es vorkommen, dass Versprechen einfach vergessen werden. Aber das Volk hat sich daran gewöhnt. Es beschwert sich keiner, wahrscheinlich wäre es ohnehin erfolglos.

Je näher der Tag der Wahlen kommt, umso intensiver wird der Wahlkampf betrieben. Inzwischen fahren nicht mehr nur alte Autos, sondern ganze Lkws und Lastzüge mit den meterhohen Boxen durch die Straßen. Wenn einer dieser Könige der Strassen vorbeifährt, fangen sogar die Glasscheiben der umliegenden Gebäude an zu vibrieren. Je näher der Tag der Wahl rückt, desto lauter scheint die Musik zu werden. Die Slogans werden unvergesslich in die Köpfe gehämmert.

Eines Tages steht plötzlich eine riesige Menschenmenge vor unserer Haustür. Die Kandidatin für das Bürgermeisteramt, die Politikerin Habibi (Name geändert), und ihre Anhänger starten einen Wahlumzug durch das Viertel und beginnen vor unserem Konvent. Die Schwestern werden von einem Kamerateam interviewt. Es wird Material

41

für Propagandasendungen im Fernsehen gebraucht. Draußen steht die grölende Menschenmenge, die alle T-Shirts ihrer Favoritin anhaben und Plakate hochhalten und sich so eindeutig als Anhänger Habibis bekennen. Der Umzug wird durch viele Lautsprecherwagen begleitet. Mitten in der Menge hupen die Wagen der Konkurrenz mit den anderen um die Wette. Jeder will lauter hupen als die Gegenpartei. Erstaunlich ist, wie viele Menschen den Umzug begleiten und den Wahlkampf unterstützen.

Ich bekomme heraus, dass Habibi durch den Gouverneur unterstützt wird. Man munkelt, dass der Gouverneur seine Mitarbeiter aus dem Palast aufgefordert hat, Habibi zu wählen und sie auf der Straße zu unterstützen. Nun fürchten die Mitarbeiter aus dem Palast ihren Arbeitsplatz zu verlieren, wenn sie nicht die Wahlkandidatin öffentlich unterstützen. Das ist auch ein Grund, warum so viele Menschen bei den Umzügen ganz begeistert mitmachen, denn im Grunde hat die breite Arbeiterklasse mit der Politik nichts am Hut.

In den letzten Tagen vor der Wahl zeigen sich die Kandidaten auch bei uns von erstaunlicher Großzügigkeit: Die Arbeiter vom Gouverneursprogramm bekommen im Voraus ihr Gehalt für den kommenden Monat ausbezahlt. Zusätzlich werden jedem zehn Freifahrscheine für den Omnibus ausgehändigt, um gebührenfrei zur Arbeitsstelle zu kommen. Der Gouverneur selber spricht von neuen Straßenbauprojekten, um den Bundesstaat Tocantins infrastrukturell zu bereichern und ihn an die umliegenden Bundesstaaten besser angliedern zu können.

Bei solchen Kundgebungen in unserem Viertel wird mit vielen kleinen Tricks gearbeitet, um sich vor politischen Gegnern profilieren zu können: So werden auf einer Versammlung – auf der Politiker verschiedenster Parteien ihre Wahlprogramme vorstellen – die Techniker im Hintergrund bestochen. Nachdem man selbst gesprochen hat, veranlasst man die Tontechniker bei dem nächsten unbeliebten Gegner einfach die Lautstärke des Mikrophons zu verringern, so dass die Menge kaum noch etwas verstehen kann.

Zwei Tage vor der Wahl, offiziell der letzte Tag an welchem Propaganda möglich ist, habe ich die einmalige Gelegenheit, in einem dieser Wahlpropagandawagen mit Musikbox mitzufahren. Es sollte eine unvergessliche Fahrt werden. Der Amtsratkandidat Castro (Name ebenfalls geändert) möchte höchstpersönlich dabei sein, um eigens mit Mikrofon und Lautsprecher für sich zu werben. Sein VW-Käfer ist so alt, dass die Befürchtung naheliegt, er könne jeden Augenblick auseinanderfallen. Keine einzige Schraube scheint fest zu sitzen. Die himmelblaue Klapperkiste ist über und über mit bunten Aufklebern beklebt. Um das Auto wieder fahrtüchtig zu machen, hat man einen anderen Motor eingesetzt, der jedoch ein wenig zu groß ist, so dass sich die Motorhaube nicht mehr richtig schließen lässt. Sie wird kurzerhand mit einer reißfesten Paketschnur festgezurrt. Für einen echten Brasilianer stellt so etwas kein Problem dar.

Als wir uns getraut haben einzusteigen, stelle ich fest, dass man nur durch die heruntergekurbelten Seitenfenster hinausgucken kann. Die Windschutzscheibe ist so verdreckt, dass der Fahrer nur durchschauen kann, wenn er sich direkt vor sie setzt, d.h. mit der Nasenspitze fast die Scheibe berührt. Dies lässt sich jedoch nur schlecht mit seinem Sitz vereinbaren, denn die Rückenlehne ist kaputt und so weit nach hinten geklappt, dass er praktisch im Liegen fahren muss. Anschnallgurte oder ähnliches gibt es natürlich nicht.

Da sich die Fensterscheiben nicht hochkurbeln lassen, wird es während der Fahrt ein wenig zugig. Vor allem beeinträchtigt der aufgewirbelte rote Staub der Straßen die Sicht auch innerhalb des Wagens. Ob jetzt mehr Dreck durch die offenen Fenster hineinströmt als durch die Ritzen in den Wänden und Boden, kann ich nicht feststellen. Auf jeden Fall ziehe ich die Fensterscheibe mit den Fingern hoch und verschließe so wenigstens notdürftig das Fenster. Noch während der Anfahrt ins Stadtzentrum, beginnt Castro ununterbrochen seinen Slogan in das Mikrofon zu brüllen: „Vote Castro, vote Castro, meus amigos, vote Castro, numero 333 333, vote..."

Als wir das Zentrum erreichen, schließen wir uns sogleich der riesigen Wagenkolonne an, die sich mit rund 3000 Autos, die alle der Partei Habibis angehören, gebildet hatte. Alle Autos sind über und über mit Aufklebern und Fahnen geschmückt. Menschen stehen auf den Ladeflächen von Jeeps und großen Lkws, sie tanzen und singen. Manche schwenken Fahnen, andere lassen ihre T-Shirts in der Luft kreisen. Ein riesiges Spektakel. Wie ich hinterher erfahren habe, wurde jedes Auto gratis voll getankt. Bezahlt hat die Partei. Auf jeden Fall fährt die endlose Kolonne durch die Stadt und verstopft heillos sämtliche Straßen. Zu der voll aufgedrehten Musik mischt sich das endlose Hupen. Die Autos der Gegenparteien versuchen natürlich so gut wie möglich zu stören, auch um selber aufzufallen.

Deswegen wird eine solche Aktion auch immer erst im letzten Moment öffentlich bekannt gegeben. Am Tag zuvor wusste kaum einer davon. Trotzdem stehen heute alle Menschen an den Straßenrändern, um sich den Riesenumzug nicht entgehen zu lassen. Je nach Partei sind die Reaktionen unterschiedlich: Sind es Anhänger von Habibi, jubeln sie uns zu und schwenken Wahlplakate. Ein besonders treuer Anhänger springt sogar vorne auf das Auto und küsst die Motorhaube. Sind es dagegen Anhänger der Gegenpartei, klopfen sich manche im Vorbeifahren auf ihr Hinterteil, um gnadenlose Ablehnung zu demonstrieren. Einmal wird unser Auto mit einem lichterloh brennenden Papierplakat Habibis beworfen. Unser Fahrer weicht geschickt aus, er scheint darin geübt zu sein.

Mit welcher Intensität das Volk Wahlkampf betreibt, ist in Deutschland undenkbar. Immer wieder werden aus den

44

fahrenden Autos Unmengen von Flugblättern und Aufklebern geworfen. Inzwischen sind die Straßen regelrecht mit einer Papierschicht bedeckt. Es sieht aus, als hätte es geschneit. An Umweltverschmutzung wird nicht im Geringsten gedacht (nach dem Wahlkampf wurden allerdings sämtliche Flugblätter von den Strassen gekehrt und in großen Haufen gleich vor Ort verbrannt).

Nach stundenlanger Fahrt durch die ganze Stadt sind wir doch recht erschöpft. Es wird schon dunkel. So unterbrechen wir unseren Propagandafeldzug und scheren aus dem Zug aus. Wir wollen eine kurze Pause machen, um etwas zu trinken. Bei solchen Volksaktionen kommt es vor, dass es für alle Freigetränke gibt, auch auf Kosten der Parteien. Es scheint auch in unserem Fall so zu sein, denn wir brauchen nichts zu bezahlen. Die Situation nutzt unser Fahrer kräftig aus und trinkt innerhalb von vielleicht zehn Minuten einen Liter Bier, die letzte Dose am Steuer beim Fahren. Auch der Kommunalpolitiker unseres Autos trinkt mindestens genauso viel Bier, während er weiterhin seinen Slogan in das Mikrofon brüllt. Die leeren Dosen werden einfach aus dem Fenster geworfen. Was für ein Wahlkampf!

Inzwischen ist es dunkel geworden. Auf dem Heimweg fährt unser Fahrer schon leichte Schlangenlinien. Ich bin sicher, dass er recht angeheitert ist. Der Verdacht verstärkt sich, als wir uns mehrfach verfahren und umdrehen müssen. Außerdem benutzt er höchst zweifelhafte Abkürzungen über Feldwege, die Buckelpisten gleichen. Plötzlich sind wir umgeben von meterhohen Gräsern, so dass nur noch unsere Musikbox oben aus dem Dickicht herausragt. Ob das Verfahren daran liegt, dass unser Fahrer ein bisschen zu viel getrunken hat, oder ob es doch an dem schwachen Scheinwerferlicht des Autos liegt, kann ich nicht sagen. Jedenfalls müssen wir erneut kehrtmachen.

Schließlich kommen wir doch im Stammlokal an, wo sich schon die engsten Anhänger versammelt haben, um in einer gemütlichen Runde mit Gitarrenmusik kräftig zu singen. Essen und Trinken sind wieder gratis. In einer großen Schüssel wird angebratenes Hackfleisch mit süßen Zwiebeln serviert. Es wird mit frischem Limonensaft beträufelt. Mit einem Zahnstocher kann man sich die kleinen Leckerbissen aus der Schüssel pieksen. Unser Fahrer trinkt weiterhin literweise Bier. Es wird eine lustige Gesellschaft, in der viel gesungen und gelacht wird.

Um ein Uhr nachts beschließen wir, nach Hause zu fahren. Jedoch stellt sich heraus, dass der Fahrer total betrunken ist. Er kann weder gerade laufen noch findet er den Weg zum Auto zurück. Als wir mit unguten Vorahnungen im Auto sitzen, vergisst er seine Fahrertür zu schließen, bevor er abfährt. Aber anstatt nach vorne loszufahren, legt er den Rückwärtsgang ein und rast mit Karacho nach hinten weg. Ein Lkw kommt hinter uns gerade noch zum Stehen. Unser Auto ist ja unbeleuchtet. Dass er beinahe einen Unfall gebaut hätte, scheint unser Fahrer nicht zu merken. Er beginnt vielmehr ins angeschaltete Mikrofon zu sprechen, so dass wohl im Umkreis von hundert Metern alle Nachbarn aufgeweckt werden. Es ist mitten in der Nacht.

Das ist mir dann doch ein wenig zu viel des Guten, und ich wechsele rasch das Auto. Welches Glück das war, erfahre ich am nächsten Morgen, als mir gesagt wird, dass der besagte Fahrer noch am selben Abend von der Straße abgekommen ist und einen Abhang hinuntergerutscht ist. Verletzt wurde er nicht, jedoch wird das hübsche Auto in Zukunft nicht mehr zu gebrauchen sein.

Inzwischen haben sich zwei große Parteien von den anderen abgehoben, die ernsthaft eine Chance haben, dass ihr Kandidat zum Bürgermeister gewählt wird. Es ist klar, dass zwischen diesen ein besonderer Konkurrenzkampf herrscht. Den Parteien ist manches Mittel recht, um sich zu behaupten. Habibis Partei gelingt dies durch einen unglaublichen Schachzug, wodurch sich die Wahl entscheidend zu ihren

Gunsten wendet. Am letzten Tag vor der Wahl wird erklärt, dass der Spitzenkandidat der anderen Partei seine Kandidatur aufgegeben habe und zur eigenen Partei übergelaufen sei. Die falsche Behauptung wird auf Flugblättern in der ganzen Stadt verteilt. Die Wähler glauben der Neuigkeit und wenden sich der Partei Habibis zu. Es ist zu spät, die Fehlinformation zu widerrufen.

Am nächsten Tag ist Wahltag. Ich begleite die Schwestern, um mir einen Wahlgang in Brasilien anzuschauen. Es ist allgemein bekannt, dass im Umkreis von 50 Metern der Urnen keine Propaganda mehr betrieben werden darf. Trotzdem wird mit allen Mitteln versucht, dieses Verbot zu umgehen. So tragen viele beim Wahlgang T-Shirts mit Propaganda. Hereingelassen werden sie wohl aufgrund der niedrigen Wahlbeteiligung. Ihnen das Hemd auszuziehen, kann man ja auch schlecht. Man will es vielleicht auch gar nicht, denn es handelt sich stets um Fotos regierungstreuer Amtsanwärter. Heimlich werden in der Schlange schnell ein paar kleine Aufkleber verteilt. Erst viel später kommt heraus, dass Politiker mehreren Personen extra Geld gegeben haben, um Werbung innerhalb der 50-Metergrenze zu betreiben. Aber näher nachgeforscht wird nicht.

Am Abend steht das Ergebnis fest. Die neue Bürgermeisterin von Palmas ist Habibi, die damals in unserem Haus ihren Wahlumzug gestartet hat. Die Schlacht ist geschlagen. Das ist Wahlkampf in Brasilien.

Innenbau des Gemeindezentrums

Inzwischen hat die Regenzeit ihren Höhepunkt erreicht. Täglich stürzen jeden Nachmittag sintflutartige Wassermassen vom dunkel bewölkten Himmel, so dass sich über dem Boden regelrechte Wassersäulen bilden. Wenn es regnet, kann man nur wenige Meter weit sehen. Die Tropfen scheinen so groß wie Weintrauben zu sein. Das Regenwasser ist nicht kalt, sondern tropisch warm. Trotzdem ist es ein Genuss, sich nach den glutheißen Tagen mit empor gehaltenen Armen im Regen abzukühlen. Begleitet wird das Schauspiel durch ein starkes Gewitter. Unablässig blitzt und donnert es. Die orangenen Blitze erhellen die nassgraue Regenwand. Der Regen vergeht leider so schnell wie er kommt. Immer um die gleiche Uhrzeit. Er ist sogar so pünktlich, dass mancher Einheimischer seine Uhr danach stellt.

Während der Regenzeit ist es nicht möglich, draußen auf dem Bau weiterzuarbeiten. Das Dach ist aber noch rechtzeitig vor dem Einsetzen der Regengüsse fertiggestellt worden. Allerdings müssen im Rohbau des Gemeindezentrums einige Arbeiten verrichtet werden. So kann ich mithelfen, elektrische Leitungen in den Wänden zu verlegen und anschließend Steckdosen, Lichtschalter und Sicherungskästen einzubauen. Dabei wird nicht etwa mit einem Presslufthammer gearbeitet, sondern die gemauerten Wände werden mit Hammer und Meißel aufgebrochen. Eine Knochenarbeit. Doch ich lerne, die gesamte Elektrik eines Hauses zu verlegen.

Gleichzeitig werden einige Innenwände verputzt, und ich beteilige mich, die „Masse zu werfen", wie man hier sagt. Der Putz ist Beton, der auch zum Bauen verwendet wird. Jedoch wird nur Mörtel verwendet, der beim Bauen übrig bleibt. Keineswegs können mit den Restbeständen alle Wände

48

bearbeitet werden. So bekommen nur die Wände am Eingang und im Saal etwas Mörtel ab. Für mehr ist kein Geld übrig. Unverputzte Wände sind aber hier im Viertel nicht ungewöhnlich, denn kaum ein Einheimischer kann es sich leisten, seine Wände schöner zu gestalten.

An einem anderen Tag vermesse ich einen halbkreisförmigen Raum. Hier sollen später die Waschräume entstehen. Dabei müssen alle Säulen, Fenster, Abflüsse, elektrische Leitungen und so weiter äußerst exakt auf der selbst angefertigten Karte aus Rechenkästchenpapier eingetragen werden. Ich fertige mehrere Entwürfe an, wie ich mir die Gestaltung der zukünftigen Bäder vorstelle. Alles muss bedacht werden: Unterteilung für Er und Sie, Anzahl und Anordnung der Toiletten und Waschbecken, Lichteinfall der Fenster und vieles mehr. Aus dem Vergleich aller unabhängig von einander verfassten Vorschläge – vor allem auch jener der Schwestern und eines Architekten – entsteht schließlich ein endgültiger Entwurf, in welchem auch die ein oder andere meiner Ideen übernommen wird. Die Toiletten sollen aber erst nach Ende der Regenzeit gebaut werden, wenn wieder mehr Gelder zur Verfügung stehen.

Kirchenbänke aus Sperrmüll

Nach erfolgreicher Wahl stellt sich heraus, dass der Gouverneur nicht 50, sondern nur 20 Arbeitsplätze bezahlen kann. Das bedeutet, dass die Schwestern 30 Personen auswählen müssen, die nicht mehr weiterarbeiten können. Sie gehen dabei nicht nach den Fähigkeiten oder der Bewährung der einzelnen Personen vor, sondern ermitteln, wie abhängig die Arbeiter von dem Lohn sind. Personen werden bevorzugt, die alt oder krank sind, also woanders nur mit Schwierigkeiten oder gar keine Arbeit finden können. Es ist eine äußerst schwierige Aufgabe, eine Liste zu erstellen, aber für alle ist kein Geld da. Fest steht auch, dass die 30 Personen, die nicht mehr weiter arbeiten können, bislang umsonst gearbeitet haben. Denn der Gouverneur will diese für ihre vergangene Arbeit nicht bezahlen. Sie haben in der Hoffnung, die Stelle zu bekommen, umsonst gearbeitet. Über die Hälfte geht enttäuscht und ohne Gehalt nach Hause.

Mit den anderen muss die Arbeit weiter gehen. Die übrig gebliebenen Hilfsarbeiter und ich tragen die alten Holzgerüste vom Bau des Gemeindezentrums auf einen Haufen zusammen. Statt die Restbestände zu verbrennen, wollen wir etwas Nützliches daraus machen. Die Idee, aus den Holzabfällen neue Bänke für die Behelfskirche im Keller des Gemeindezentrums herzustellen, wird mit Begeisterung aufgenommen. Zunächst ziehen wir alle Nägel aus dem Holz. Sie werden nicht weggeworfen, sondern sorgfältig in einem Eimer gesammelt und auf einem kleinen Holzbrett mit viel Geduld wieder gerade gehämmert. Ein Kilo neue Nägel kostet 2 Reais (ca. 1 Euro). Um ein Kilo Nägel zu sammeln und wieder gerade zu hämmern, braucht man ungefähr eine halbe Stunde. Für die halbe Stunde bekommt ein Arbeiter 66 Centavos. Die alten Nägel wieder gerade zu hämmern, ist also um ein Wesentliches günstiger, als sie neu einzukaufen.

Ein paar Kinder von der Straße werden von dem Werken auf dem Bau angelockt. Es ist vormittags, normalerweise müssten sie in der Schule sein. Um sie von der Straße zu holen, spreche ich sie an und frage, ob sie sich sinnvoll beschäftigen wollen und gleichzeitig ein wenig Geld verdienen möchten. Die Aufgabe ist, die auf den Boden gefallenen Nägel aufzusammeln und sie gerade zu hämmern. Pro Kilo gerader Nägel verspreche ich ihnen 1 Real. Das ist mehr als die Arbeiter auf dem Bau verdienen. Mit Begeisterung wollen die vier Jungs gleich loslegen. Doch es lassen sich nur zwei Hammer finden. Die können sie sofort benutzen. Für den Dritten bleibt nur ein Hammerkopf mit abgebrochenem Stil. Das hält ihn aber keineswegs davon ab, mindestens genauso viele Nägel grade zu schlagen. Der Vierte sammelt mit Eifer die krummen Nägel auf. Am Schluss ihrer Arbeit werden die Nägel mit einer Waage gewogen. Insgesamt bearbeiteten die Kinder an einem einzigen Vormittag zehn Kilo Nägel.

Nachdem wir jetzt jede Menge neue Nägel haben, kann es losgehen. Je zwei Mann versuchen aus den alten Brettern eine Bank herzustellen. Mit dem Fuchsschwanz werden die alten Hölzer auf passende Länge geschnitten und zusammengenagelt. Dabei dient ein langes, möglichst gerades Brett als Sitzfläche. Die Füße, jeweils ein kurzes Brett, aus dem ein Dreieck geschnitten wird, werden einfach im rechten Winkel angenagelt. Das Dreieck wird deswegen ausgesägt, damit die Bank an vier Punkten aufsetzt und nicht wackelt. Die kurzen Bretter werden schließlich noch mit zwei Latten an den Seiten verstärkt. Zum Schluss werden die Splitter auf der Sitzfläche und an den Kanten weggehobelt. Fertig ist ein kleines Kunstwerk in Zusammenarbeit, auf das man schon stolz sein kann, zumal keiner von uns zuvor geschreinert hat.

Tag für Tag entstehen neue Bänke. Da kommt die Idee, auch für die Kinder, die ich am Nachmittag betreue, Sitzbänke zu bauen, da sie immer noch keine richtige

Sitzgelegenheit haben. Warum denn nur Bänke? Wir brauchen doch auch Tische zum Lernen, ist die Antwort. Die Herausforderung wird angenommen, und wir bauen noch mehr Bänke und auch Tische. Niemand von uns hat zuvor einen Tisch geschreinert. Die drei Gruppen zu je zwei Mann bauen auf eigene Faust. Bei solchen Arbeiten fällt auf, dass alle Arbeiter äußerst hilfsbereit sind und sich gegenseitig Tipps geben oder Verbesserungsvorschläge machen. Die einzelnen Trupps möchten sich nicht gegenseitig übertrumpfen. Die Arbeiter haben vielmehr das Verlangen, zusammen das Beste zu erreichen – durch gegenseitiges Helfen. Sie alle halten zusammen.

Zum Schluss haben wir drei Tische in den unterschiedlichsten Ausführungen. Während mein Tisch zwar schwer, aber stabil ist und nicht wackelt, baut ein anderer Trupp einen Tisch aus möglichst wenig Holz, damit er leicht und tragbar ist. Dafür wackelt er jedoch ein wenig. Der dritte Trupp hat eine Methode gefunden, wie man die Tischplatte abheben kann und somit der Tisch ebenfalls leicht zu transportieren ist. Und das alles, ohne einen centavo für gekauftes Material auszugeben.

Mit einfachen Mitteln aus Nichts viel zu machen, ist hier das Lebensmotto – oder sogar Überlebensmotto: Später fragt uns nämlich eine Frau, ob sie das Regal, welches ein vierter Trupp herstellte, abkaufen könnte. Den Verkaufserlös durften die Arbeiter behalten, die den Schrank hergestellt hatten. So können solche Projekte sogar einen Anstoß geben, wie man selbst mit Wenigem seinen eigenen Lebensunterhalt finanzieren könnte.

Die Nachmittagsstunden mit den Kindern gehen immer sehr schnell vorbei. Mit den neuen Bänken und Tischen werden immer mehr Kinder angelockt. Die Treffen finden jetzt täglich statt. Die zwei Tische werden einfach in die Mitte der Notkirche gestellt. Rings herum im Kreis sind die Bänke angeordnet. An einer Wand steht die Tafel immer noch auf der kleinen Holzbank. Sie muss noch an der Wand angebracht werden. Trotzdem ist unser kleiner Klubraum verbessert worden und fertig zum Unterrichten.

Es macht unheimliche Freude, den Kindern das Zeichnen und das Lernen beizubringen. Gezeichnet wird auf Altpapier von einer großen Rolle, die ich in der Stadt gekauft habe. Auf diesem abgerissenen Papier kann man zwar zeichnen, aber unmöglich lernen. Weil aber das Lernen größere Bedeutung hat, nehme ich mir vor zusammen mit den Kindern Hefte zu basteln. Im Schwesternhaus suche ich alte Schulhefte. In manchen sind noch leere Seiten. Diese trennen wir heraus und legen noch ein paar zurechtgeschnittene Altpapierseiten hinzu. Dann tackere ich sie zu einem kleinen Heft zusammen. Für jedes Kind eins. Wie groß ist die Freude, als jedem Kind ein Heft mit eigenem Namen auf der Vorderseite überreicht werden kann!

Auch mit dem Portugiesischen klappt es inzwischen besser. Ich konzentriere mich dennoch auf den Mathematikunterricht: Addition und Subtraktion im Hunderterbereich wird zur täglichen Übung. Fortgeschrittene lasse ich das kleine Einmaleins multiplizieren. Immer wieder stelle ich ihnen kleine Aufgaben an der Tafel, die sie abschreiben und selbständig lösen müssen. Hinterher korrigiere ich alles in den neuen Heften. Für wenig Fehler gibt es einen Tierstempel aufgedruckt, der besonders viel Begeisterung auslöst.

Trotz der täglichen Übung fehlt bei fast allen Kindern die Merkfähigkeit. Dinge, die ich am Vortag erklärt und als verstanden annahm, sind in der nächsten Stunde vergessen und das Erklären beginnt von neuem. Stelle ich zum Beispiel eine an sich einfache Aufgabe um und schreibe statt 7+6, was die Kinder richtig lösen können, 6+7 an die Tafel, so rätseln die Kinder lange herum und kommen nicht dahinter. Solche leichten Transferaufgaben sind schlicht unmöglich.

Der Unterricht wird natürlich immer durch viele

53

Spiele aufgelockert. Ich nehme mir vor, jeden Tag ein anderes Spiel vorzubereiten. Neben den typischen Ballspielen wie Fußball oder Fang-den-Ball, welche wir auf dem nahe liegenden Sandplatz spielen, bastele ich mit den Kindern. So falte ich mit den Kindern aus altem Papier kleine Frösche. Jedes Kind bastelt seinen eigenen Frosch und bemalt ihn hinterher mit einem Buntstift. Die Frösche lassen sich dann für ein anderes Spiel verwenden. So male ich mit Kreide den Rio Tocantins und einen See auf den Boden. Zwischen Fluss und See liegen fünf Felder. Jedes Kind legt seinen Frosch auf das Startfeld. Jetzt wird der Reihe nach gewürfelt. Bei einer sechs darf der Frosch ein Feld weiter hüpfen, bis der Siegerfrosch in den See springt. Mit was für einer Begeisterung wurde dieses einfache Spiel immer wieder von neuem begonnen. Den Würfel habe ich übrigens zuvor aus Styropor geschnitten und mit Filzstift die Augen aufgemalt, da ich keinen Würfel gefunden habe. Man muss immer wieder an vielen Stellen improvisieren.

Die Kinder sind unheimlich offen. Sie lachen mich an, gucken mit ihren großen braunschwarzen Augen und fragen mich, ob ich eine Freundin habe. Sie zupfen an meiner Kleidung, streicheln durch meine Haare, wenn ich neben ihnen sitze, um etwas zu erklären. Ständig wollen sie Aufmerksamkeit erregen, halten mir die Augen zu, damit ich ihren Namen errate. Wenn wir Fußball spielen, möchte jeder mich in seiner Mannschaft haben. Sie umgarnen mich solange, bis ich nur noch ja sagen kann.

Eines Tages verletzt sich ein kleines Mädchen leicht beim Fußballspielen. Es ist nur eine kleine Schürfwunde am Knie. Doch fängt sie zu weinen an. Im ersten Moment weiß ich nicht, was ich machen soll. Da schenke ich ihr einfach einen Pfennig aus Deutschland, den ich noch in meiner Geldbörse habe. Ich sage ihr, dass er Glück bringt. Sofort bekommt sie leuchtende Augen und wird von allen anderen neidisch umringt. Der Vorfall war damit aber noch lange nicht

54

erledigt. Plötzlich kommen immer wieder Kinder zu mir, die vor Schmerz ihren Kopf oder Fuß hielten, um ebenfalls einen Pfennig zu ergaunern. Es ist toll, mit den Kindern zusammen zu sein, denn sie sind für alles zu begeistern. Vor allem durch die Spielereien und die Geduld der Kinder, die nicht müde werden, mich beim Sprechen zu berichtigen, entsteht eine wirkliche Freundschaft. Endlich mal ein Lehrer, den man auch was beibringen kann! Mit Freude bringen sie mir auf ihre Weise nach und nach die portugiesische Sprache näher. Und so lernen wir gegenseitig, was beiden Seiten viel Freude bereitet. Das äußert sich auch in der Anzahl der Kinder, die sich von Mal zu Mal vergrößert. Das Projekt Janela para o Mundo bekommt vom Schwesternhaus einen offiziellen Namen: therapia ocupacional (Beschäftigungstherapie).

Wenn ich Zeit finde, schaue ich mir immer mal wieder an, was die Arbeiter in den anderen Projekten machen. Eine kleine Gruppe Frauen bemalt weiße Tücher mit Stofffarbe. Mit Bleistift werden die Motive mit Hilfe von Schablonen vorgezeichnet. Vor allem bunte Blumenmotive sind beliebt. Die geübten Frauen malen geschickt Orchideen in den herrlichsten Farben. Es sind lang gezogene Pflanzen, die über die Tischdecke zu ranken scheinen und mit kleinen rosa leuchtenden Blütenkelchen in dem satten gelbgrünen Geflecht der eigener Blätter faszinieren. Es entstehen zahllose Tischdecken in den wunderschönsten Farben, die die ganze Lebenslust der Brasilianer auszudrücken. Und als wäre sie noch nicht schön genug, sticken die Frauen einen kunstvollen Rand an die Decke mit jeweils passendem Faden. Eine Tischdecke ist eine Tagesarbeit oder mehr. Selber versuche ich mich auch in dem Handwerk, muss aber rasch feststellen, dass noch viel Zeit vergehen muss, bis ich die Blüten natürlich darstellen kann. Schnell lasse ich drei der Tischdecken zurücklegen, um sie später als Andenken mitzubringen.

Aus den Stoffen, die in Paketen aus Deutschland zugesandt werden, schneidern einige Frauen immer noch

Kleidungsstücke. Sogar die abgeschnittenen Hosenbeine meiner wegen der Hitze gekürzten Jeans werden – wie damals meine Hemdärmel für die Puppen aus Pappmaché – verwertet. Eine Frau näht sich einen Rock daraus. Diesen möchte sie aber nicht auf dem nächsten Basar verkaufen, sondern für sich behalten. Stoff aus Deutschland sei besonders gut, meint sie.

Andere Frauen weben bunte Fußabtreter. Der Webstuhl ist im Grunde nur ein selbst gebastelter Holzrahmen. An zwei Seiten sind in gleichen Abständen Nägel angebracht worden, zwischen denen die Leitschnüre verlaufen. Die Wollfäden werden einfach mit der Hand hindurch gezogen und mit einem Kamm oder mit bloßen Fingern glattgestrichen. Nach mühsamer stundenlanger Arbeit entsteht ein kleiner bunter Teppich mit Fransen, den man sich vor die Haustür legen kann.

Alle Kleidungsgegenstände – Hosen, Röcke und Unterwäsche in allen Größen und Farben – und Blumendecken sollen auf dem kommenden Basar verkauft werden, der wieder einmal in ein paar Tagen geplant ist. Er wird in der Eingangshalle des Gemeindezentrums stattfinden. Ich schreibe große Plakate, die ich an die Wände des Zentrums klebe, sie aber auch in verschiedenen Geschäften im Viertel verteile, um ein wenig Werbung zu machen. Die Kleidung verteilen wir auf verschiedene Wühltische. Jedes Kleidungsstück hat seinen Preis. Shorts kann man ab 3 Reais erstehen, Kindersachen sind billiger. Ein kleines Röckchen ist bereits ab einem halben Real zu haben. Der Preis übersteigt selten 1,50 Reais. Für die schönen handgemalten Tischdecken bezahlt man 5 Reais.

Zudem veranstalten wir eine kleine Tombola. Jeder, der etwas einkauft, bekommt ein Los geschenkt. Die Lose werde in einer alten Schüssel aus der Küche der Schwestern gesammelt und mit den Händen gemischt. Der Andrang ist recht groß, denn der zu vergebene Preis ist ein Ballen deutscher Stoff, der hier hoch im Kurs steht. Immer mehr Menschen und auch Kinder kommen, um sich die Ware anzuschauen. Sie wird fast restlos aufgekauft. Für den Verkauf ist natürlich wieder Antunio zuständig. Der Erlös ist ein weiterer Baustein für die Kirche, die nach der Regenzeit neben dem Gemeindezentrum erbaut werden soll.

Wiederverwertung von Nägeln, Palmas/Tocantins

Brunnenbau

Aufgrund der hohen Wassergebühren hat sich die Schwesterngemeinschaft entschlossen, einen eigenen Brunnen zu bauen. Vor allem im trockenen Landesinneren ist Wasser kostbar und dadurch teuer. Die Gelegenheit zum Brunnenbau ist günstig, da auf dem Nachbargrundstück sowieso gebaut wird. Dort soll in einer schattigen Ecke neben dem Fundament der Kirche ein Brunnen entstehen.

Mit den denkbar einfachsten Mitteln wird begonnen. Zunächst wird mit einem alten Ast ein Kreis von ungefähr eineinhalb Metern Durchmesser in den staubigen rotbraunen Boden geritzt. Die innerhalb des Kreises liegenden Steine und der Staub werden weggefegt, so dass eine ebene Fläche entsteht. Die harte Erde wird mit einer schweren Brechstange aus Eisen gelockert, die immer wieder mit ihrer Spitze in den Boden gerammt wird. Später wird die gelockerte Erde mit einer Spitzhacke aufgeschlagen. Der Aushub wird mit einem abgesägten Spaten entfernt. Eine Schwerstarbeit bei diesen Temperaturen! Zentimeter für Zentimeter graben sich die Männer in den Boden. Es geht nur langsam voran, und der Schweiß beginnt zu fließen.

Erst mehrere Wochen später ist eine Tiefe von fast acht Metern erreicht. Inzwischen sind die Arbeiter dabei, eine Holzkonstruktion über dem Loch zu bauen. Je ein Baumstamm, der sich oben gabelt, wird zu beiden Seiten des Lochs in den Boden gerammt. In den beiden Astgabeln liegt eine Eisenröhre, an deren Mitte eine Holzwelle mit einer dicken Kordel befestigt ist. Die Holzwelle kann man an den hervorstehenden Enden wie an einem Steuerruder drehen.

Jeden Morgen steigt ein Arbeiter an dem Seil hinab. Ohne Helm und ohne Licht. In der Tiefe ist es stockdunkel. Ein zweiter legt sogleich zwei Holzbretter zur Hälfte über das

Brunnenloch, um besser an die Seilwinde zu kommen. In einem Eimer lässt er eine Spitzhacke und Schaufel hinunter. Der erste fängt nun an, im Finsteren tiefer zu graben. Trotz der Dunkelheit muss das Brunnenloch kreisrund und vor allem gerade verlaufen. Man verwendet dazu ein Lot an einem langen Bindfaden, welchen man an der Brunnenwand herunterlässt. Die mit Steine und Lehm gefüllten Blecheimer werden über die Winde mit der Hand hochgezogen und weggetragen. Inzwischen hat sich neben dem Brunnenloch ein großer Erdhaufen gebildet. Ohne Unterlass werden Eimer für Eimer hochgezogen und ausgeleert. Stundenlang.

Ich werde gefragt, ob ich auch einmal hinabsteigen möchte, um zu graben. Es scheint mir jedoch zu gefährlich. Jederzeit kann das Brunnenloch zusammenstürzen und den Mann in der Tiefe begraben. Nach einer Stunde kommt der erste Arbeiter wieder hinauf. Er ist über und über mit rotem Lehm beschmiert und schweißgebadet, denn in dem Loch speichert sich die Hitze.

Nach weiteren harten Wochen stoßen die Arbeiter in 17 Metern Tiefe endlich auf das lang ersehnte Wasser. Es wird feuchter Lehm zu Tage gefördert. Um die Quelle ergiebiger zu machen wird noch ein weiterer Meter im Matsch gegraben. Später werden dicke Betonröhren im Durchmesser des Brunnens in die Tiefe gelassen, um die Brunnenwand zu stabilisieren. Der Polier vom Bau und ich haben die Betonröhren, die eigentlich für den Bau von Abwasserkanälen gedacht waren, in der Stadt gekauft. Sie werden mit einem Kran im Loch versenkt. Der Brunnen ist fertig.

Nun kann die Installation der Pumpe beginnen. Der Umgang der Brasilianer mit Strom ist recht unkompliziert, ja geradezu erstaunlich gefährlich. Zur Installation wird zur Sicherheit ein Elektriker bestellt. Dieser beginnt folgendermaßen: Zunächst legt er ein 50 Meter langes altes Rasenmäherkabel vom Brunnen in das Hausinnere der

Schwestern, um sich eine Stromquelle am Brunnenloch zu besorgen. Dieses Kabel soll mit der Pumpe, die am Rand des Brunnenlochs steht, verbunden werden. Leider hat das abgeschnittene Kabel keinen Stecker, den man in die Steckdose des Schwesternhauses stecken kann. Kurzerhand schneidet der Elektriker einen Stecker von einem anderen Kabel ab und wickelt die blanken Drähte des alten Rasenmäherkabels um die beiden Steckerzinken, statt sie fachgerecht im Plastikverschluss zu sichern, und steckt daraufhin den Stecker samt Kabel in die Dose. Das Kabel führt jetzt Strom.

Auf den ersten Streich folgt sogleich der zweite: die Pumpe am anderen Ende muss ja noch an das stromführende Kabel angeschlossen werden. Nur scheint der staatlich geprüfte Elektriker inzwischen vergessen zu haben, welcher von den beiden Drähten im Rasenmäherkabel Strom führt. Kurzerhand testet er es einfach, indem er ein paar Kurzschlüsse erzeugt. Jedes Mal knallt es laut, und die Funken spritzen nur so in alle Richtungen. Dicker schwarzer Rauch steigt auf, und es stinkt nach verschmortem Plastik.

Aber nun scheint er zu wissen, welche Kabel er verbinden muss. Mit einer Hand hält er beide Kabel zusammen, während er mit der anderen Hand die blanken Kupferstreifen geschickt mit einer Zange zusammendreht. Ein gefährliches Summen verrät die tödliche Spannung. Schnell wird noch ein Isolierband herumgewickelt und ein Knoten in das Kabel gemacht, damit das Isolierband nicht abrutscht. Fertig. Die Leitung steht. Er lässt die Kabel fallen – direkt neben eine Pfütze. Aber dass scheint jetzt unwichtig zu sein, denn das Wasser sprudelt bereits mit einem mächtigen Schwall – aus der funktionierenden Pumpe.

Brunnenbau, Palmas/Tocantins

Mit dem ersten Brunnenwasser wird der Rohbau so richtig geputzt. Mehrere Kinder von Janela para o Mundo kommen herübergeeilt und helfen mit. Eimerweise wird der Staub und Schutt weggewaschen. Am Abend werden sie gefragt, was sie als Lohn für die anstrengende Arbeit haben möchten. Da antwortet der erste ganz aufrichtig: „Ich möchte bitte 1 Real, damit ich meiner Familie Bohnen kaufen kann!" Ein anderer antwortet: „Ich möchte soviel, dass ich einen Sack Zucker besorgen kann." Der dritte will ausreichend Geld für ein Päckchen Kaffee. Wie weit ist Deutschland entfernt!

Bei dem Brunnenbau ist jede Menge Lehm angefallen, der nur unweit des Brunnenlochs aufgeschüttet wurde. Warum soll man diesen nicht für die Kinder am Nachmittag verwerten? Mit Lehm kann man doch töpfern. Aus einem brasilianischen Töpferhandbuch entnehme ich ein paar wichtige Vokabeln, um den Kindern die Technik beizubringen. Auf dem Müllhaufen des Nachbargrundstücks finde ich eine alte Schubkarre, die kein Rad mehr hat. Das Gestänge entferne ich, und schon haben wir eine Wanne, in der man genug Lehm transportieren und zubereiten kann. Der Lehm ist durch die Sonne trocken geworden. Aber mit Wasser vermischt lässt er sich durch langes Kneten zu einer formbaren Masse verarbeiten. Zuvor müssen nur die vielen kleinen Steinchen entfernt werden.

Im Unterricht erkläre ich, wie man zunächst mehrere Lehmschlangen herstellt und diese dann übereinander legt. So formt sich langsam eine dickwandige Schale. Den Kindern gelingt es nicht beim ersten Mal, viele benutzen viel zu viel Wasser. Der Lehm wird zu weich, und die Schale bricht auseinander. Vor lauter Freude und Übermut beschmieren sich die Kinder gegenseitig und auch die Wände. Für jedes Kind ein Müllsack mit drei Löchern für Kopf und Arme leistet schnell Abhilfe, damit die Kleidung nicht dreckig wird. Sonst gibt es Ärger von den Müttern, die die Wäsche mit der Hand waschen müssen. Zum Schluss sind tatsächlich ein paar sehenswerte Schalen entstanden.

Besonders einfallsreich sind die verschiedenen Muster auf der Außenseite geworden: Sie zeigen Kreise oder Rastermuster und erinnern mich an indianische Kunst. Die Kinder haben die Muster einfach mit einem kleinen rostigen Nagel, den sie auf dem Boden gefunden haben, eingraviert. Damit wird dann zum Schluss noch jeweils der Name auf die Unterseite der Schale eingeritzt. Die Schale wird über Nacht im Schatten getrocknet. Auf keinen Fall darf der Lehm zu lange in der Sonne stehen, da ansonsten die Hitze die Schale zum Reißen gebracht hätte. Schon am nächsten Morgen kann jedes Kind sein Werk mit nach Hause nehmen.

Leider hat das Töpfern trotz Müllsacks meine gesamte Kleidung verschmutzt. So muss ich am Abend wieder einmal einen Waschtag einlegen. Waschen heißt hier nicht: Maschine auf, Wäsche und Pulver rein und warten, bis die Wäsche sauber ist. Alles muss mit der Hand gewaschen werden. Dazu wird zunächst die dreckige Kleidung für eine Stunde in Seifenlauge eingeweicht. Ist sie besonders schmutzig, kann man sich mit dem Messer ein bisschen Kernseife vom Stück abschneiden und in den Wäscheeimer rühren. Die Seife wird übrigens selbst hergestellt. Zu lange darf die Wäsche nicht einweichen, da sonst jedes Wäschestück schnell einen üblen Geruch annimmt und man gleich von neuem beginnen darf.

Nach dem Einweichen muss jedes einzelne Wäscheteil auf dem Waschbrett mit der Wurzelbürste geschrubbt werden. Spätestens in diesem Moment wird jeder Fleck zur Plage. Wenn das Wäschestück einigermaßen sauber ist, wird es ausgewrungen, um es das erste Mal in einem zweiten Becken in klarem Wasser auszuspülen. Die Seifenlauge muss komplett aus der Wäsche wieder herausgewaschen werden. Da dies nicht immer beim ersten Mal gelingt, wird alles im dritten Becken noch ein zweites Mal wiederholt, bevor man die Wäsche endlich auf den Zaun hängen kann. An der Wäscheleine trocknet die Wäsche

64

blitzschnell. Jedoch darf die Wäsche nicht zu lange in der Sonne hängen, denn sonst wird sie so steif wie ein Brett. Einmal ließ ich mein Badehandtuch zu lange in der Sonne. Beim Abnehmen fehlte nicht viel, und ich hätte es an den Enden wie ein Tablett tragen können.

Trotz aller Mühe hat weiße Kleidung im Laufe der Zeit einen hellrosa Ton angenommen. Ich rede mir ein, dass das daran liegt, dass roter Staub von der Straße in die noch feuchte Wäsche auf der Leine weht. Komischerweise ist das nur bei meiner Wäsche so. Die Einheimischen bekommen ihre Wäsche sogar in Flüssen mit dem Schlagen auf flache Steine am Ufer ganz ohne Seife schneeweiß. Mir wird es ein ewiges Rätsel bleiben.

Alimentação alternativa

Eine Gruppe Frauen aus dem Gouverneursprojekt beschäftigt sich mit einem Programm namens alimentação alternativa (bewusste Ernährung). Ich besuche sie ein paar Mal bei ihrer Arbeit. Ihre Aufgabe ist interessant, und ich schließe mich ihnen an. Mit dem staatlich geförderten Programm soll Mangelernährten deutlich gemacht werden, wie wichtig gesunde Ernährung ist.

Zweimal die Woche werden mit Frauen aus ganz bestimmten Familien in unserem Viertel neue Rezepte ausprobiert. Nicht nur die Art der Zubereitung von Salaten, Kuchen und Säften ist wichtig, sondern auch das Verständnis für eine gesunde Ernährung. Mittels Graphiken wird der Tagesbedarf an Vitaminen und Mineralien vermittelt. Jedes Grundnahrungsmittel wie Reis oder Maniok wird in seine Nährstoffe aufgeteilt. Die Diagramme zeigen, wie viel Prozent der lebensnotwendigen Vitamine in dem Nahrungsmittel enthalten sind. Es ist nicht selbstverständlich, dass jeder eine solche Graphik schon einmal gesehen hat oder weiß, dass in einer Obstschale mehr Vitamine sitzen als in der Frucht. Alles muss mit Geduld beigebracht werden.

In einer Familie, die sich jahrelang nur von Reis und Bohnen ernährt hat, um satt zu werden, sind in kürzester Zeit vier Kinder verstorben. Aufgrund des Projekts haben sie erkannt, dass ihnen – obwohl sie satt gewesen sind – lebenswichtige Vitamine gefehlt haben. Nach wenigen Wochen Teilnahme in dem Kurs und vielen Tipps kann man schon einige Fortschritte erkennen: Aussehen und Lebendigkeit der Familienmitglieder haben sich positiv verändert. Nach dem Kochen werden die Rezepte immer abgeschrieben, damit sie auch zuhause gesundheitsbewusst kochen können. Für Teilnehmer, denen das schwer fällt, übernehme ich das.

Wir sind aber auch direkt in den Häusern der Familien tätig. Es ist sehr erschreckend, was man dort zu sehen bekommt. Ausnahmslos sind die Häuser aus roten Ziegeln selber gebaut, die Wände unverputzt, der Fußboden, wenn er überhaupt vorhanden ist, aus nacktem Beton. Auch das Haus, in dem wir einen Mehlkuchen backen wollen, ist ganz spärlich eingerichtet: An der Wand stehen eine selbstgebaute Spüle und ein uralter, rostiger Gasherd. Der Küchentisch ist eine ausgediente große Holzkabeltrommel. Er steht mitten im Raum. Darauf liegt eine unansehnliche Schale mit rohem stinkenden Fleisch, auf dem sich bereits eine Vielzahl von Fliegen tummeln.

Fast alle Zutaten für den Kuchen haben die Frauen selbst mitgebracht. Mehl, Eier und Backpulver sind im Haus nicht vorrätig, wohl aber Zucker, Milch und Öl. Der Kühlschrank enthält nur Plastikflaschen mit Wasser. Auf einem selbstgebauten Holzregal mit nur einem einzigen Brett steht das ganze Geschirr. Es reicht nicht für alle. Damit jeder sein Kuchenstück von einem Teller mit einer Gabel essen kann – worauf die Gastgeberin sehr viel Wert legt – muss der Teller und die Kuchengabel zwischendurch immer wieder gespült werden. Durch den Duft des Kuchens werden Kinder angelockt, die sich schnell um den Tisch versammeln. Diese Neugierde ist wichtig, denn sie trägt dazu bei, dass es zu einem Umdenken der Mutter in der Ernährungsplanung kommt.

Hinterher rechnen wir vor, wie viel ein nahrhafter Mehlkuchen kostet. Wir kommen einschließlich des Gasverbrauchs für den Herd auf knappe zwei Reais. Ein Leuchten in den Augen verrät die Überraschung, als wir erklären, dass von nur einem Stundenlohn ein ganzes Abendessen bezahlen werden kann. Die Hausfrau verspricht uns, in Zukunft des Öfteren den Kuchen zu backen. Im Hinblick auf solch knappe Haushaltsplanung wird man wütend, wenn man erfährt, dass der Ehemann dieser Frau

67

sich kurze Zeit später für sein halbes Monatsgehalt Bier gekauft und es mit seinen Freunden an nur einem Abend aufgetrunken hat, um sich zu berauschen. Eine Flasche Bier kostet 1,70 Reais.

Das Kochen in den Familien ermöglicht einen guten Einblick in die Lebensumstände der Familien. Wieder wird mir vor Augen geführt, dass nichts weggeworfen wird. Eines Tages entdecke ich, wie eine der Frauen eine alte Coladose von der Straße aufhebt und im Haus auswäscht. Dann beginnt sie, die Dose mit einer Schere aufzuschneiden. Ich frage sie, was sie damit vorhabe. Wortlos biegt sie die scharfen Kanten an der Oberseite der Dose nach innen. Danach zeigt sie mir stolz ihr neues Trinkgefäß. Sie schüttet eiskaltes Wasser hinein und reicht es mir mit einem Lächeln.

Folklore am Rio Tocantins

Die Regenzeit ist vorbei. Seit vielen Wochen hat es nicht mehr geregnet, die Erde ist wieder trocken. Die heiße Luft ist voll von rotem Staub, den der starke Wind in die Augen bläst. Die Vegetation der Gegend ist vertrocknet. An vielen Stellen haben sich wieder kleinere Feuer ausgebreitet, die sich selbst entzünden. Ganze Wiesen an Straßenrändern brennen einfach ab. Sogar Feuer in der Nähe von Wohnhäusern nimmt man gelassen hin, ohne die bombeiros – die Feuerwehr – zu rufen. Oft fährt man an verkohlten Flächen vorbei, wo das Feuer gewütet hat.

Die Temperaturen erreichen Höchstwerte; das Thermometer steigt in den Vierzigerbereich. Kein Wunder, dass man sich nach Abkühlung sehnt. Ich trinke jetzt sechs Liter Wasser am Tag. Doch die eiskalten Getränke können den Durst nicht lange löschen. Auch das Duschen hilft nicht viel, da während des Tages das Wasser warm aus den Leitungen kommt. Es wird im Wasserturm im Garten gespeichert, welcher in der prallen Sonne wie ein Wasserkessel erhitzt wird. Manchmal halte ich es einfach nicht mehr aus und stecke meinen Kopf in einem unbeobachteten Moment in die Gefriertruhe der Schwestern. Das ist der einzige Ort, an dem man sich eine richtige Abkühlung holen kann.

Groß ist die Freude, als die Schwestern vorschlagen, am freien Sonntag an den Strand des Rio Tocantins zu fahren. Der Strand ist nicht weit weg, nur ein paar Kilometer. So machen die Schwester und ich uns mit dem weißen Chevrolet Baujahr 1983 auf den Weg. Wie gewohnt, geht es über Sandpisten mit jeder Menge Unebenheiten und Steinen. Leider hat der Wagen keine Stossdämpfer, so dass wir wieder einmal kräftig durchgeschüttelt werden. Die rote Sandpiste verläuft schnurgerade durch die vertrocknete Steppe. Zum ersten Mal nach meinem bislang fünfmonatigen Aufenthalt gelange ich in die nähere Umgebung von Palmas. An den Straßenrändern sieht man nur meterhohes dünnes Savannengras, ab und zu auch Palmen. Der hellblaue, wolkenlose Himmel steht im wunderschönen Kontrast zu der roten Staubpiste.

Wir fahren oberhalb des rund hundert Kilometer flussabwärts liegenden und sich noch im Bau befindlichen Staudamms des Rio Tocantins. Das Anstauen des Wassers wird die gesamte Ebene überfluten. Am Stadtrand von Palmas soll sich ein fruchtbarer See bilden. Die Dörfer, die wir durchfahren, werden in wenigen Monaten unter Wasser stehen. Mehrere tausend Menschen mussten umgesiedelt werden und ihre Eigenheime verlassen. Schon jetzt passieren wir nur noch Baracken. Ganze Dörfer sind verlassen. Alles ist mitgenommen worden, sogar die Ziegel von den Dächern. Die Geisterstädte wirken leer und unheimlich. Es ist still, kein Mensch ist zu sehen.

Plötzlich fahren wir oberhalb des Flussufers her. Man hat einen überwältigenden Blick auf den Rio Tocantins, der größer ist, als ich ihn mir vorgestellt habe, und zumindest mit den Maßen des Rheines vergleichbar ist. Auf der gegenüberliegenden Seite liegt unter Palmen der breite, weite Sandstrand. Der Strand ist menschenleer, aber das hat seine Gründe: Die offizielle Badesaison ist vorüber. Der Fluss führt wenig Wasser, und die Strömung ist extrem stark. Baden wäre zu gefährlich. Ich bin ein wenig enttäuscht, denn ich wäre allzu gerne in die kalten Fluten gesprungen.

Wir parken das Auto am Ufer neben einer kleinen Anlegestelle für Boote. Mehrer lange Kanus liegen an der Uferböschung und warten darauf, in das kühle Nass gezogen zu werden. Wir wollen mit einem der kleinen Boote auf die andere Seite zum Sandstrand übersetzen. Hier kann man sich für wenig Geld ein Boot mieten, das über den Fluss fährt. Im Umkreis von mehreren Kilometern gibt es keine Brücke. Die Überfahrt ist recht abenteuerlich. Das alte, zerbeulte

Blechkanu hat einen viel zu schwachen Außenbordmotor, und wir liegen viel zu tief im Wasser. Die Gischt spritzt nur so von allen Seiten in das Boot. Wir werden nass, aber mir ist das recht. Das gegen die Strömung fast hilflos wirkende Kanu schwankt gefährlich in alle Richtungen. Jetzt weiß ich auch, warum jeder eine Schwimmweste anlegen musste. Wir werden weit flussabwärts getrieben, erreichen aber das andere Ufer. Durchnässt – aber froh, angekommen zu sein – verlassen wir das Boot. Der Bootsführer kehrt auf der Stelle um. Wir sollen einmal laut pfeifen, wenn er uns wieder abholen soll.

Der Sand ist hell und mit flachen Flusskieseln durchsetzt. Etwas weiter vom Wasser entfernt wollen wir Schatten unter einem Palmenwald finden. Beim Gehen über den Sand stellen wir fest, dass dieser so heiß ist, dass man problemlos mit einer Alufolie ein Eier darauf braten könnte. Abkühlung bekommt man nur im Wasser. Weit kann man allerdings nicht hineinlaufen, da die starke Strömung den Sand unter den Füßen löst und man schnell das Gleichgewicht verliert. So geben wir uns mit einer alten Holzkiste zufrieden, die im Wasser steht. Man sitzt im Trockenen, während die Beine im kühlen Nass baumeln.

Am Strand stehen kleine Hütten, die geschickt mit braunem Bambusstroh gedeckt sind. Ihre phantasievollen Namen wie estrada do coco laden zum Verweilen ein. Gegen Abend werden die Stühle beiseite gestellt, und eine Tanzfläche entsteht. Große Musikboxen werden aufgestellt. Schon von weitem hört man aus allen Richtungen die brasilianische Volksmusik: Man spielt die typisch brasilianischen Tänze Forró und Brega.

Beim Betreten der Bar sehe ich, dass alle Menschen in Bewegung sind. Alles tanzt. Sogar die Babys werden im Takt mitgeschwungen. Das ganze Volk scheint sich hier versammelt zu haben. Die Tanzfläche ist mit weißen Leinentüchern überdeckt. Zur Dekoration sind Schnüre aufgespannt worden, an denen unzählige bunte Fähnchen aus

Zeitungspapier hängen. Es duftet nach gegrillten Spießen, die mit feuriger Chilisoße verkauft werden. Die Musik hat diesen dumpfen, monotonen Rhythmus, der jeden veranlasst, sich im Takt mitzubewegen. Man kann gar nicht anders. Ich kämpfe mich durch die Menge der Tanzenden. Rund um die Tanzfläche sind einfache Partystühle aufgestellt. Freundlich werde ich von fremden Personen an ihren Tisch eingeladen. Es gibt kühles brasilianisches Dosenbier Marke Brahma und Antarctica. Es schmeckt köstlich in dieser Hitze. Auf der Dose von Antarctica sind zwei Pinguine auf einem Eisberg abgebildet. Wie witzig in dieser Trockensteppe!

Ich sitze nicht richtig auf meinem Platz, als ich gleich von ein paar Mädchen angesprochen werde, ob ich nicht mit ihnen tanzen möchte. Ich schaue mir die feurigen, lebensfrohen Tänze an und kann nicht widerstehen. Erst bin ich ein wenig staksig, und die Mädels lachen auffordernd, weil ich mehr borracha (Gummi) sein soll. Die Tänze sind schnell und eng. Man kommt sich sehr nah. Mein Blick fällt unweigerlich auf die schlanken Figuren der hübschen Brasilianerinnen, die sich in knappen Oberteilen und kurzem Rock rhythmisch zur Musik bewegen. Ihr Temperament und ihre Ausstrahlungskraft sind unwiderstehlich. Fogosa, würden die Brasilianer sagen. Ganz schon feurig! Wenn man einmal auf der Tanzfläche steht, kommt man so schnell nicht wieder herunter. Die Tanzpartner werden während des Tanzens ständig ausgetauscht. Ich tanze mit den belezas bis spät in die Nacht. Auch das gehört zu Brasilien.

Kriminalität

Die Kriminalität in unserem Stadtviertel ist leider sehr hoch. Es ließ nicht lange auf sich warten, bis wir selbst betroffen sein sollten.

Die Schwestern des Konvents fahren mit dem Chevrolet zum Einkaufen oder machen sonstige Erledigungen in der Stadt. Er ist zwar alt und knattert, aber er erfüllt immer seinen Zweck, verrät mir eine der Schwestern und klopft liebevoll auf die Motorhaube. Und weil der Wagen so zuverlässig ist, hat er erst vor wenigen Wochen ganz neue Reifen bekommen. Die alten Reifen hatten kaum noch Profil. Ab und zu sind sie in den Kurven auf dem roten Sand weggerutscht, und so erklärt sich diese Neuinvestition.

Kurze Zeit später fällt einer der Schwestern auf, dass irgendetwas an dem Wagen nicht stimmt. Die Reifen waren wieder völlig abgefahren und hatten kein Profil mehr. Das kann doch nicht mit rechten Dingen zugehen. Die frisch gekauften Reifen sind weg und auf ganz raffinierte Weise gestohlen worden. Die Schwestern parken ihren Chevrolet immer vor der Haustür an der Straße. Dort ist er für jeden im Blickfeld und die Möglichkeit, den Wagen unbemerkt zu entwenden, ist schwindend gering. Für den Reifentausch ist der Dieb aber in der Mittagspause gekommen. Zu dieser Zeit legt sich nämlich das ganze Viertel für eine Stunde schlafen. Es wäre auch viel zu heiß, um sich draußen zu betätigen. Der Dieb muss die Reifen innerhalb dieser kurzen Zeit ausgetauscht haben. Dazu hat er zunächst die neuen Reifen abmontiert und danach seine eigenen, uralten Reifen ohne Profil wieder aufgeschraubt. Damit bezweckte er anscheinend, dass sein unfairer Tausch nicht so schnell auffällt...

Am nächsten Sonntag beklagen sich die Schwestern bitter im Gottesdienst vor versammelter Gemeinde über den dreisten Diebstahl. Das hat Wirkung. Ein paar Tage später werden wir positiv überrascht. Plötzlich liegen alle vier Reifen in unserem Garten. In der Nacht zum Montag hatte der reuige Täter die Reifen über den Zaun geworfen. Wer der Dieb war, haben wir nie herausgefunden. Die Schwestern meinten, dass sie so etwas noch nie erlebt hätten.

Bei diesem Zwischenfall ist es nicht geblieben. Ein paar Wochen später schlagen andere Diebe zu. Wieder in der Mittagspause. Diesesmal auf dem Nachbargrundstück, wo das Gemeindezentrum und die Kirche errichtet werden. Dort steht ein kleiner Holzschuppen, in dem während der Nacht die Werkzeuge, die auf dem Bau benötigt werden, sicher verschlossen werden können. In der Mittagszeit werden die wertvollen Gegenstände hier untergebracht. Zwar ist die Tür mit einem schweren Vorhängeschloss gesichert. Aber statt das starke Schloss und die dicke Eisenkette an der Tür zu brechen, lösen die Einbrecher einfach die Holzvergitterung vor dem kleinen Fenster zum Lagerraum ab, welches die Öffnung nur notdürftig verschließt. Die Diebe steigen durch die Luke ein und reichen das Diebesgut heraus. Alle wertvollen Sachen werden entwendet: Hammer, Schraubenzieher, elektrische Leitungen, Wasserrohre, sogar Nägel werden mitgenommen. Der größte Verlust ist der Motor für die Betonmischmaschine im Wert von 1000 Reais, ohne den die Arbeit auf dem Bau nicht fortgesetzt werden kann. Das Diebesgut wird auf einem Fahrrad abtransportiert, was Reifenspuren beweisen. Der Schaden entspricht mehreren Monatslöhnen eines Arbeiters. Der Schreck und die Wut sind groß.

Die Arbeiter vom Bau machen sich im Viertel auf die Suche nach den Dieben. Ein paar Tage darauf finden sie tatsächlich heraus, wer die Tat begangen hat. Man munkelt, dass es bei der Auseinandersetzung zwischen unseren Arbeitern und den Dieben wegen des Zwischenfalls in der Nacht eine Schießerei gegeben hat. Doch jeder schweigt. Nur die Schwestern drohen den Dieben, die Polizei zu benachrichtigen, wenn sie die Maschinen bis zu einer bestimmten Frist nicht zurückgeben. Im Vertrauen sagt mir eine Schwester, dass dies nur eine schwache Drohung sei, denn die Polizei könne nicht viel ausrichten. Die bedrohten Familien rotten sich zusammen. Und tatsächlich ist es so.

Plötzlich wird die Lage ernst. Die Männer in unserem Viertel bewaffnen sich. Die Schwestern sind besorgt. Sie haben Angst, die Diebe könnten sich an ihnen rächen. Jetzt bin ich froh, dass das Haus in der Nacht abgeriegelt wird und wir einen bewaffneten Wächter im Haus haben. Am kommenden Nachmittag kommt es zu einem Zusammentreffen der Schwestern mit den Vertretern der Diebe im Keller des Gemeindezentrums. Aus Sicherheitsgründen darf ich nicht teilnehmen. Es wird stundenlang diskutiert. Das Ergebnis ist, dass es keines gibt. Die Banditen geben den Motor nicht zurück. Sie haben keine Angst vor der Polizei. Und dabei bleibt es. Aus Angst vor einem Racheakt wird die Polizei nicht eingeschaltet, obwohl man genau weiß, wer die Diebe sind. Es ist ein seltsames Gefühl, so hilflos zu sein. Uns bleibt nichts anderes übrig, als einen neuen Motor zu kaufen, damit die Arbeiten auf dem Bau weitergehen können.

In den darauf folgenden Wochen überschlagen sich die Ereignisse. Mitten in der Nacht werde ich durch mehrere laute Schläge geweckt. Schnell ziehe ich mich an und renne auf den Flur. Die Schwestern sind ebenfalls aufgewacht, um nach dem Rechten zu sehen. Sie sind wegen der Ereignisse in den letzten Tagen sehr nervös. Überall wird sofort Licht angemacht. Vorsichtig versuchen wir, etwas durch die vergitterten Fenster in der Dunkelheit zu erkennen. Doch draußen ist kaum etwas auszumachen. Doch plötzlich hören wir ganz deutlich mehrere dumpfe Schläge gegen die Hauswand. Es scheint, als wollten mehrere Personen mit einem großen Vorschlaghammer einfach die Hauswand einschlagen.

Eine der Schwestern erwähnt, dass Einbrecher dies tun, wenn Türen und Fenster aussichtslos vergittert sind. Erst schlagen sie ein großes Loch in die Hauswand, dann klettern sie hinein. Gleich darauf fügt sie beruhigend hinzu, dass die Wände dieses Hauses äußerst stabil seien. Beim Bau des Hauses sei extra darauf geachtet worden, dass die Ziegelsteine nicht längs, sondern senkrecht zur Wand gesetzt wurden. Dafür werden zwar doppelt so viele Steine wie sonst benötigt, dafür ist die Wand aber auch doppelt so stark.

Irgendwann hören die Schläge auf. Alles ist still, als wäre nichts gewesen. Durch die Fenster ist kein Mensch zu sehen. Wir warten noch ein wenig und legen uns beunruhigt ins Bett. Was bleibt uns auch anderes übrig. Es ist unmöglich wieder einzuschlafen, zumal der Wächter ausgerechnet heute nicht im Haus ist. Wer bei uns mit dem Vorschlaghammer angeklopft hat und ob es etwas mit dem Diebstahl der Werkzeuge vom Bau zu tun hat, bleibt im Dunklen. Wir kommen mit einem Schrecken davon.

Unabhängig von den Diebstählen ereignet sich kurze Zeit später erneut ein schrecklicher Vorfall. Wieder zur Mittagszeit wird eine unserer Mitarbeiterinnen aus dem Gouverneurprojekt am helllichten Tage rund zweihundert Meter entfernt an einer Bushaltestelle gewaltsam entführt. Sie wird in die umliegenden Wälder verschleppt und vergewaltigt. Ich weiß nicht, was später aus ihr geworden ist, doch habe ich sie nie wieder gesehen. Ich will etwas über sie in Erfahrung bringen. Doch es wird nicht darüber gesprochen. So langsam beginne ich zu verstehen, wieso sich die Menschen hohe Mauern bauen, um sich zu schützen. Auf meine Behauptung, Mauern trennten Menschen, antwortet mir eine Einheimische, dass für sie die Mauer Schutz und Geborgenheit biete.

In den nächsten Monaten schlafe ich mit Ohrstöpseln, um nicht ständig in der Nacht aufzuwachen. Die Nächte sind unruhig geworden. Die Straße gehört inzwischen einer anderen Gesellschaft. Wenn man aus den vergitterten

Fenstern schaut, kann man manchmal zwielichtige Gestalten auf der Straße erblicken. Nicht selten bleiben sie in schattigen Ecken stehen. Dann beobachten sie einfach nur. Oft hört man von weiter weg Rufe und Schreie. Hin und wieder fallen sogar Schüsse. Jede Nacht ertönen die lauten Sirenen der Polizeiwagen, wenn diese durch das Viertel flitzen. Das Viertel wird von Tag zu Tag unsicherer. Zurzeit gehe ich abends gar nicht mehr aus oder nur in Begleitung mit dem Wächter. Er ist als neutrale Person im Viertel anerkannt, und mit ihm fühle ich mich sicher. Ich weiß nicht, wie oft ich lauschend unter meinem Moskitonetz gelegen und darauf gewartet habe, wieder einschlafen zu können. Aber im Haus darf man sich sicher fühlen. Es kommen wieder bessere Tage, meint die Schwester.

Schlangenlaus und Giftfrösche

Wer hier lebt, muss sich auf jede Menge Kleingetier einstellen, was an allen Ecken und Kanten lauert. Eines Nachts wache ich durch ein unbekanntes Geräusch unter meinem Bett auf. Es ist ein schnelles Klappern, welches in kurzen, regelmäßigen Abständen immer lauter wird. Ich bilde mir ein, dass es nur eine wild gewordene Klapperschlange sein kann, die während der Nacht in mein Zimmer geklettert ist. Es ist stockdunkel, so dass ich die Hände nicht vor meinen Augen sehen kann. Schweißgebadet wage ich nicht, mich auch nur einen Zentimeter zu bewegen. Schon wieder rasselt es leise. Es ist direkt unter mir. Unter dem Moskitonetz bin ich doch sicher oder nicht? Lautlos suche ich mit einer Hand die Öffnung des Netzes. Ich richte mich auf und sitze aufrecht im Bett und versuche angestrengt, etwas auf dem schwarzen Boden zu erkennen. Dann überwinde ich mich und lehne meinen Kopf über die Bettkante, um unter dem Bett nachzusehen. Nichts. Man sieht absolut nichts.

Da! Wieder das laute Klappern diesmal direkt vor meinem Gesicht. Erschrocken fahre ich zurück. Was ist das? Im Bett will ich mich nicht überraschen lassen. Das Licht muss an, um der Sache auf den Grund zu gehen. Ich nehme den ganzen Mut zusammen und setzte meinen Fuß so weit wie möglich von der Bettkante entfernt in das Zimmer. Langsam taste ich mich zum Lichtschalter vor. Ich fühle wie Schweißperlen an meinem Rücken hinunterlaufen. Endlich ertasten meine Finger den Lichtschalter. Licht strahlt durch das ganze Zimmer. Was für ein beruhigendes Gefühl. Gott sei dank.

Ich gehe in die Knie, um unter das Bett zu schauen. Und was sehe ich da? Eine fette braune Kakerlake, die auf ihrem Rücken liegt und sich hilflos im Kreis dreht. Sie versucht immer wieder auf die Füße zu kommen. Dabei schlägt sie mit ihrem Rückenpanzer auf den Steinboden, was dieses Rasseln erzeugt. Von Zeit zu Zeit muss sich die Kakerlake von ihren anstrengenden Kreisbewegungen ausruhen. Daher die regelmäßigen Pausen. Nachdem ich mich von dem Schreck erholt habe, werfe ich das Ungeziefer aus dem Fenster und schlafe beruhigt weiter.

Die Kakerlaken sind hartnäckige Besucher. Immer wieder tauchen die ungebetenen Gäste auf. Wenn man morgens das Licht anmacht, laufen sie im Waschbecken herum oder über die Zahnbürste und flüchten schnell in Ritzen oder in den Kleiderschrank. Besonders freche Kakerlaken steigen aus dem Abflussgully in die Dusche. Davon ist man besonders unangenehm überrascht, wenn man splitternackt ein kühles Nass erwartet. Dann hilft nur ein schneller Faustschlag, um sich von dem ungebetenen Ungeziefer zu verabschieden. Hin und wieder gieße ich etwas hochprozentigen Alkohol in den Abguss und zünde es an. Durch den Brandgeruch erhoffe ich mir, dass die Kakerlaken Abstand nehmen.

Später erfahre ich, dass Touristen in Rio de Janeiro liebevoll barata tonta (die-sich-im-Kreise-drehende-Kakerlake) genannt werden. Man darf davon ausgehen, dass damit der Tourist gemeint ist, der vor Erstaunen mit offenem Mund hin- und herläuft, den Corcovado knipst, die Copacabana filmt oder sich auf dem Zuckerhut im Kreise dreht, um die einmalige Aussicht zu genießen.

Auf meinem Nachttisch liegen immer ein paar Kekse für die Nacht, für den Fall, dass mal der kleine Hunger kommt. Alsbald muss ich feststellen, dass es noch ein ganz anderer auf diese leckeren, kleinen Pizzacraker abgesehen hat: Ich schlummere zu später Stunde unter meinem Netz, als ich plötzlich kleine Nagergeräusche vernehme. Just in dem Moment, in dem ich nach dem Rechten sehen möchte und das Licht anknipse, sehe ich einen kleinen Schatten mit langem Schwanz in einem eleganten Sprung vom Nachtisch springen, bevor er mit einem frechen Pieps in meinem Kleiderschrank verschwindet. Für einen Augenblick bin ich vor Erstaunen wie gelähmt. Die Plastiktüte der zuvor noch verschlossenen Kekspackung ist aufgebissen worden. Schnell stelle ich fest, dass zwei meiner Pizzacraker angeknabbert worden sind.

Noch am folgenden Tag plane ich eine List, wie ich die Maus fangen kann, denn ich bin mir sicher, dass es nicht der letzte Besuch gewesen ist. So nehme ich mir eine leere Butterdose aus Plastik und schneide in den Deckel ein kleines Loch. In die Dose lege ich einen der runden Kekse und mich selbst in der nächsten Nacht auf die Lauer. Und tatsächlich. Nach ein paar Stunden – ich bin längst eingenickt – höre ich im Halbschlaf, wie eine Maus wie wild in der kleinen Dose herumspringt, um zu entkommen. Doch schnell nehme ich den bereitgelegten Fußball, um die Öffnung zu verdecken. Die Maus sitzt in der Falle. Als ich sie am nächsten Morgen den Schwestern zeige und den Fußball anhebe, springt der kleine Nager mit einem Riesensatz aus der Dose auf den Boden und verschwindet mit einem aufgeregten Piepsen unter dem Türspalt. Ich habe ihn nie wieder gesehen.

Von großer Penetranz erweisen sich die Heerscharen von Ameisen. Weder durch tägliches Putzen noch von einer gezündeten Altölspur rund um das Haus lassen sie sich vertreiben. Die großen Blattschneideameisen findet man überall. Ihnen würde es sicherlich nicht schwer fallen, einen ganzen Zuckerwürfel zu entwenden. Nachts suchen sie sich einen Weg in den verschlossenen Zuckerbeutel in der Vorratskammer oder nisten sich in Schubladen ein. Wenn man ahnungslos die Lade öffnet, kann es passieren, dass plötzlich das große Krabbeln beginnt und eine Sintflut Ameisen herausströmt, um den ganzen Boden zu bedecken. Da hilft nur noch der schnelle Griff zum Gift. Dann muss man händeweise die toten Ameisen entsorgen. Etwas

80

gewöhnungsbedürftig sind auch die winzigen gelben Ameisen, die im gleichfarbigen Milchpulver ihre Nahrung finden. Wenn man nicht immer aufpasst, hat man sie im Kaffee – was aber wiederum nicht schlimm ist, da sie sich als geschmacksneutral herausgestellt haben. Fleischeinlage nennen die Schwestern das lakonisch.

Etwas gefährlicher ist folgende Begegnung. Eines Tages entdecke ich auf dem Flur eine kleine Spinne. Sie ist schwarz und sehr behaart. Ich will sie gerade auf die Hand krabbeln lassen, um sie hinauszutragen. Da kommt plötzlich eine Schwester angerannt, schreit warnend „nein", springt auf die Spinne und tritt sie tot. Als ich sie verwundert ansehe, erwidert sie, dass diese Spinnenart Menschen beißen kann. Der Biss sei sehr schmerzhaft. Spinnen sollte man hier nicht anfassen.

Noch gefährlicher ist der Skorpion. Wir fangen den seltenen Gast, als er sich in unserem Haus verlaufen hat. Mit erhobenem Stachel rennt er blitzschnell hin und her und sticht jeden, der ihm unvorsichtig zu nahe kommt. Ebenso gefährlich – und im ausgewachsenen Stadium für Säuglinge und alte Menschen sogar tödlich – ist die so genannte piolha de cobra, die Schlangenlaus. Vom Aussehen her ähnelt das Tier weder einer Schlange noch einer Laus. Vielmehr gleicht es einem überdimensionalen großen Tausendfüßler. Dieser Wurm bewegt sich blitzschnell in Schlangenbewegungen fort. Er ist sehr zäh und nur durch vielfaches Schlagen zu töten. Er hält sich hinter Schränken auf, übernachtet aber auch mit Vorliebe in benutzter Wäsche, die auf dem Boden liegt oder kriecht in Schuhe. Beim morgendlichen Anziehen ist deswegen immer Vorsicht geboten. Vor allem klagen die Bauern über diesen Schädling, der sogar Kühe auf den Weiden anfällt. Mehrfach taucht er auch in unserem Haus auf und muss auf der Stelle getötet werden. Nach dem Töten wird die piolha de cobra vergraben, aus Angst, sie könnte wieder erwachen. Dies ist ein brasilianischer Brauch auf dem Land.

Die Angst vor dem Wiedererwachen getöteter Tiere drückt sich auch in einer brasilianischen Volkssage aus, die mir der Wächter Reginaldo nach dem Vergraben einer frisch erlegten piolha de cobra erzählt. Sie handelt vom sapo, dem Frosch. Danach existiert hier in der Gegend ein Frosch, der auf dem Rücken eine Drüse besitzt. Diese Drüse produziert giftige Milch. Um sich selbst zu schützen, kann der Frosch diese Milch meterweit auf Angreifer schießen. Bekommt ein Mensch diese Milch in das Auge, so kann er durch das Gift blind werden. Trotzdem ist davon abzuraten, den Frosch zu töten. Wer gegen diese Warnung verstößt, sollte auf der Hut bleiben. Die Brasilianer sind davon überzeugt, dass der Frosch die Fähigkeit besitzt, aus seiner Haut die letzte Lebenskraft zu trinken, um sich wieder zum Leben zu erwecken. Sobald der Frosch bei Kräften ist, hat er außerdem die Fähigkeit, die Fährte des Peinigers aufzunehmen und ihn zu verfolgen. Dann versteckt er sich in der Nacht unter dem Bett, um seinem Opfer aufzulauern und ihm in einem günstigen Augenblick seine giftige Milch ins Auge zu spritzen.

Teile dieser gruseligen Sage sind wahr. So gibt es wirklich in der Gegend einen Frosch mit einer Giftdrüse. Allerdings ist nicht belegt, dass er sich selbst wieder beleben oder die Fährte eines Menschen verfolgen kann. Vielleicht kann er lange in der Trockenheit überleben. Dagegen wurde beobachtet, dass Frösche nachts in Häuser hüpfen und unter dem Bett sitzen. Allerdings lauern sie dort nicht den Menschen auf, sondern suchen ganz andere Beute. Moskitos und Eintagsfliegen halten sich gerne im kühlen Schatten unter dem Bett auf. Sicherlich ist die Geschichte erfunden, um kleine Kinder von den giftigen Fröschen fernzuhalten.

Tag der Kinder in Ipameri

Am Tag der Kinder fahren dieses Jahr alle Mitglieder der Infância Missionária aus Palmas mit einem Omnibus zum fünften nationalen Treffen nach Ipameri. Über das verlängerte Wochenende soll es in die knapp 1000 km entfernte Stadt im Bundesstaat Goiás gehen. Goiás grenzt südlich an Tocantins. Ich bin begeistert, als mich die Schwestern fragen, ob ich als Betreuer für die rund dreißig Kinder aushelfen könnte.

Da sich jede Diözese auf eine originelle Weise vorstellen soll, proben die Kinder kurz vor der Fahrt einen Tanz mit Gesang ein. Sie schwenken bunte Bänder, wobei sie sich in zwei Kreisen formieren. Zum Tanz wird das Lied „Te amo Palmas" angestimmt. Es ist trotz der Einfachheit sehr hübsch, denn es gewinnt an Ausdruck, da alle Kinder enthusiastisch mitmachen. Hier in Brasilien muss nichts perfekt sein, einfach nur schön. Auf der Bühne wird man schon improvisieren.

Tags darauf sind wir auf der 15-stündigen Busfahrt über Holperstraßen unterwegs. Wir haben eine halbe Stunde Verspätung, aber das ist eben brasilianisch. Sogleich beginnen die Kinder das heitere Singen und Tanzen im Bus. Hier wird nie gesagt, dass man etwas nicht kann. In Brasilien wird einfach mitgesungen, so gut es eben geht. Nie wird einer wegen eines Fehlers ausgelacht, sondern immer wird mitgelacht. Schnell komme ich mit den Kindern in das Gespräch. Sie sind keineswegs schüchtern, sondern ganz neugierig und äußerst interessiert.

Sie fragen mich, wie viel eine Busfahrt nach Deutschland kostet und wie lange sie dauert. Oder sie wollen wissen, ob in Deutschland alle englisch reden. Schnell kommen auch persönliche Fragen, wie alt ich bin und ob ich eine Freundin habe. Immer wieder muss ich mir neue Sprüche ausdenken, die ich in ihre kleinen Poesiealben schreibe. Dabei stelle ich fest, dass es sehr schwierig ist, auf Portugiesisch zu reimen. Durch die heitere Stimmung und Ausgelassenheit vergeht die Zeit wie im Flug.

Der Bus hält vor der Schule in Ipameri. Es ist ein altes Gebäude, weiß verputzt mit verwitterten Holzfenstern, hohen Dächern und mehreren Innenhöfen mit umlaufendem Balkon. Ich verweile nur kurz, da ich in einer Gastfamilie untergebracht bin. Die Gastfreundschaft, mit der ich empfangen werde, ist von solcher Freundlichkeit und Ursprünglichkeit, wie sie ein zweites Mal nur schwer zu erleben ist. „Minha casa é sua!" Noch bei der Umarmung der Frau des Hauses wird mir ans Herz gelegt, dass ihr Heim ab sofort mein Zuhause sei. Ich wäre jetzt ihr Sohn. Dabei habe ich doch die Frau zuvor noch nie gesehen. Es wird ein berauschendes Festessen gedeckt. Sauerbraten, Salate, Hähnchen mit Gemüse in allen Variationen. Ein solches Mahl gibt es bei mir daheim nur an den höchsten Feiertagen.

Nach dem Essen werde ich in den Garten hinter das Haus eingeladen. Viele in Brasilien heimische Früchte sind hier angebaut. Bananen, Mangos, Orangen, Limonen, Caju, Mandarinen und viele, viele mehr, von denen ich nicht einmal die Namen kenne. Die Gastfreundschaft ist umwerfend. So werde ich auf eine Taxifahrt durch Ipameri eingeladen, um die Stadt näher kennen zu lernen.

Wieder zurück in der Schule bekomme ich in dem großen Saal nur noch einen Stehplatz. Es sind wohl rund zweihundertfünfzig Kinder mit ihren Betreuern anwesend. Das Programm hat schon begonnen. Die verschiedenen Gruppen aus ganz Brasilien stellen sich gegenseitig vor. Die Kinder im Alter von zwölf und dreizehn Jahren treten mit einem überlegenen Selbstbewusstsein auf. Keinem scheint es etwas auszumachen, vor einer solchen Menge frei zu reden. Viel mehr im Gegenteil scheint es ihnen Spaß zu machen, und sie fangen an witzig zu werden und bringen den Saal immer

84

wieder zum Lachen.

Genauso erstaunlich ist es, wie später ein Zwölfjähriger eine Bibelrunde von knapp zwanzig Personen leitet und sogar Erwachsene zum Mitmachen aktiviert. Dieses Selbstbewusstsein zu trainieren und das freie Reden zu üben sei von großer Bedeutung in dem Projekt Infância Missionária, erfahre ich später. In diesem Punkt sind die brasilianischen Jugendlichen vielen Deutschen weit überlegen.

Nun kommt die Präsentation unserer Gruppe. Sofort werde ich gefragt, ob ich nicht spontan mit auf die Bühne kommen und mitsingen möchte. In Deutschland hätte ich sofort abgelehnt. Hier habe ich die Mentalität der Brasilianer kennengelernt und das Angebot angenommen. So stehe ich auf der Bühne und singe so gut es eben geht vom Liederzettel mit. Wie es eben ein Brasilianer machen würde. Der Mut wird mit einem riesigen Beifall belohnt.

Nach meinem Auftritt bin ich die absolute Attraktion. Jeder weiß nun, dass hier ein Deutscher aus der „ersten" Welt dabei ist. Blaue Augen und helle Haut sind in Brasilien Merkmale, die viele Brasilianer mit Reichtum, Wohlstand und Intelligenz verbinden. Ich kann nicht drei Minuten irgendwo alleine stehen, ohne von Mädchen angesprochen zu werden. Sie wollen mit mir zusammen fotografiert werden, meine Adresse haben oder sich einfach nur neugierig unterhalten. Mir werden kleine Zettel mit Liebesbotschaften zugesteckt: „Du bist mein Traum" oder „Eigentlich müsste es regnen, aber in deinem Herzen lacht immer die Sonne, so dass es gar nicht regnen kann!" Ich werde angesprochen, ob ich nicht mit ihnen zusammen in den Park gehen möchte. Zuvor hat mir eine von ihnen eine kleine Blüte geschenkt. Ein anderes Mädchen meint, sie habe eine kleine Überraschung für mich, ich solle doch die Augen schließen. Ich schließe sie, und sie küsst mich auf die Wange. Ich sage immer, ich sei Missionar und dürfe das nicht.

Die Fahrt nach Ipameri hat mich einiges gelehrt.

Kinder im Alter von zwölf und dreizehn Jahren muss man hier wie Erwachsene behandeln. Zum Teil sind sie es schon, wenn sie im Laden aushelfen, um die Familie mitzuernähren. Man warnt mich, solche Kinder als Kinder zu rufen. Viele wären so enttäuscht, dass sie tagelang nicht mehr mit einem reden würden. Was ist aber mit ihrer verlorenen Kindheit? Auch muss ich feststellen, dass der deutsche Perfektionismus nicht immer angebracht ist. Spontaneität, Improvisation und Imperfekt-sein-dürfen, über Fehler mitzulachen und sich daran erfreuen, dass einfach etwas schön ist, drückt die Lebensfreude der Brasilianer aus. So bereitet es ihnen mehr Freude, sich in ursprünglicher Einfachheit darzubieten und sich in ihrer natürlichen Schönheit zu präsentieren, als zu versuchen, irgendeinen Grad der Vollkommenheit zu erreichen.

Ernährungskurs für Männer

Angeregt durch den Ernährungskurs des Gouverneursprojekts entsteht die Idee, einen eigenen Kurs für Männer zu geben. Dafür wird im Keller des Gemeindezentrums eine kleine Küche eingerichtet. Die Kochstelle ist mit einer Betontheke von dem großen Saal abgetrennt, in dem jetzt regelmäßig Gottesdienste stattfinden. Als Arbeitsfläche dienen lange Holzbretter vom Bau, die als Tischersatz über der Theke liegen. Zwar werden die Bretter glatt gehobelt, damit sie sauberer werden. Trotzdem muss man aufpassen, dass man keine Splitter bekommt, wenn man mit der Hand Krümel oder Essensreste wegfegen möchte. Die Betontheke ist gleichzeitig Schrank für das wenige Geschirr, welches schon vorhanden war. Gläser, Teller und Besteck werden hinter einem überliegenden Tuch gegen den roten Staub geschützt. Für einen Kurstag stehen fünf Reais zur Verfügung, welche für Nahrungsmittel zum Zubereiten und für Gas ausreichen müssen.

Im Kurs werden verschiedene Rezepte ausprobiert: peixe falso (falscher Fisch) ist ein gebratenes Kürbisblatt, welches mit Mehl und Ei paniert wird. Mit Salz gewürzt ist es eine unerwartete Delikatesse. Sonst werden Kürbisblätter zur Herstellung von Säften verwendet. Leckeren suco kann man auch aus den langen grasartigen Halmen machen, die nicht weit von unserem Haus am Straßenrand wachsen. Mit ein wenig Limone und viel Zucker schmeckt er wie Zitronenmelisse. Aus einem Kürbis – Fruchtfleisch sowie Schale – und wenigen Möhren kann man einen wohlschmeckenden Kuchen backen.

Aber nicht immer sind die Zutaten derart ausgewählt. Oft muss mit einfacheren Beilagen gearbeitet werden. Trotzdem lassen sich die Ergebnisse vorzeigen. Der Mehlkuchen und auch der Wasserkuchen sind zwar zu Beginn vom Geschmack her etwas ungewöhnlich, aber nach und nach recht lecker. Darüber hinaus zeige ich, wie man Brot backen kann. Wir haben auch versucht, Mayonnaise herzustellen, was jedoch missglückt ist. Es war ziemlich peinlich, da sie keinem geschmeckt hat.

Da das Projekt noch ganz am Anfang steht, gehe ich direkt auf die Personen zu, ob sie an dem Kurs teilnehmen wollen. Vor Kursbeginn besuche ich die Männer zu Hause, um ihnen kurz Bescheid zu geben und sie an die Übungsstunden zu erinnern. Einer dieser Männer ist Jonas, der auch beim Bau des Gemeindezentrums mithilft. Er lebt in erbärmlichen Verhältnissen. Seine Wohnung ist einer von fünf winzigen Räumen, die wie Garagen nebeneinander gebaut sind. Im Ganzen ist es nicht einmal drei Mal drei Meter groß. Es hat kein Fenster; das Licht fällt nur äußerst spärlich durch die Tür. Das Bad, wenn man es so nennen möchte, ist durch einen alten zerrissenen Vorhang abgetrennt. Es gibt keinen Tisch, das Bett ist Schlafstelle, Abstellplatz, Stuhlersatz und Küche gleichzeitig. In dem Kämmerchen ist es schmutzig, und es stinkt erbärmlich. Dennoch ist alles sehr ordentlich eingerichtet, die wenigen Habseligkeiten sind säuberlich in einer Ecke gestapelt. Ich hätte nie gedacht, dass man unter solchen Bedingungen leben kann. Mir wird klar, dass ich von diesem Mann nicht die 1,50 Reais wöchentlich als Kursgebühr verlangen kann. Lieber würde ich es selber bezahlen, obwohl die Teilnehmer die zubereiteten Speisen entweder sofort essen dürfen oder sie für die Familie mit nach Hause nehmen können. Aber wie könnte man Geld von einer Person verlangen, die nun wirklich gar nichts hat?

Ein anderer Kursteilnehmer ist Romário. Auch er hat damals schon in dem Gouverneursprojekt mitgearbeitet. Er hat Lepra, weswegen er sehr alt und gebrechlich wirkt. Wenn man ihm die Hand gibt, fühlt sie sich zugleich zäh und weich an. Sein furchenreiches Gesicht ist geprägt von einem harten Leben. Er hat auch den grauen Star und kann deswegen kaum noch sehen. Auch das Laufen fällt ihm schwer. Ich lade ihn ein, an dem Kurs teilzunehmen. Er ist sehr begeistert und hat später nicht ein einziges Mal gefehlt. Er ist über den Besuch so glücklich, dass er mich gleich zum Abendessen einlädt. Gerne sage ich zu.

Sein Haus muss ich nicht beschreiben. Es gleicht allen anderen und würde in Deutschland aufgrund der Baufälligkeit einem drohenden Abriss nicht standhalten. Als ich am Abend sein kleines Häuschen betrete, kommt mir schon ein Wohlgeruch entgegen. Seine Frau hat mit den beiden Töchtern einen großen Topf mit Spaghetti und roter Soße gekocht. Normalerweise kochen sie auf Grund des heißen Klimas nicht so scharf, jedoch hat Romário mitbekommen, dass ich gerne gewürzte Speisen mag. So hat seine Frau extra noch eine Schote malageta aus dem Garten in die Soße getan. Hier wächst der schärfste Pfeffer der Welt, meint sie. Damit gebe ich ihr im vollen Umfang Recht. Die Soße war so scharf, dass es wie Feuer auf der Zunge brannte und ich augenblicklich knallrot anlief und mir die Tränen über das Gesicht liefen. Nach dem ersten Bissen konnte ich gerade noch krächzen, dass ich gerne einen Schluck Wasser haben möchte. Alle mussten lachen. Zum Glück waren die übrigen Spaghetti nicht so scharf zubereitet, so dass wir alle satt wurden. Als wir nach dem Essen auf den Holzhockern vor seinem Haus sitzen, unterhalten wir uns über Gott und die Welt. Romário möchte viel über Deutschland wissen. Welche Sprache man dort spricht, wie viel man dort verdient, ob alle Europäer weiß sind und blaue Augen haben oder ob die Berliner Mauer noch steht und ob es noch die Nazis gibt. Wie viele Brasilianer träumt er davon, einmal nach Deutschland fahren zu können. Er wisse zwar nicht, wo Deutschland liegt, jedoch ist er sich sicher, dass es ganz weit weg ist. Romário wächst mir sehr ans Herz, kannte er doch stets einen guten Rat, wenn ich nicht mehr weiter wusste. Mit der Zeit werden wir dicke Freunde.

Als ich während der zweiten Hälfte meines Einsatzes über Spendengelder verfüge, die ich während einer Woche in Deutschland gesammelt habe, hat sich in meinen Projekten vieles positiv verändert. Die Küche im Keller des Gemeindezentrums kann mit einem Teil der Gelder mit dringend notwendigen Einrichtungsgegenständen ausgestattet werden. Es fehlte ja an allem: Töpfe, Teller, Besteck, Schüsseln, Messer, Mixer, Lebensmittel und noch viel, viel mehr. Nun ist die Küche bereit für eine neue Phase der gesunden Ernährung. Gleich zur Einweihung wird das Nationalgericht feijoada für insgesamt über 100 Personen zubereitet. Die Delikatesse ist eine dicke Brühe aus schwarzen Bohnen und viel Fleisch vom Schwein und Rind: Speck, Haut, Schwänze, Hufe, Ohren, Zungen, alles. Zusammen brodelt es in einem großen Topf für mehr als zwei Stunden. Anschließend isst man es zusammen mit farofa (geröstetem Maniokmehl) und mit couve (Gras). Obwohl es einfach köstlich schmeckt, bleiben einige Portionen übrig, die ich auf der Straße verkaufe. Nicht jeder kann den Preis von 4 Reais für 1 kg Bohneneintopf bezahlen. Dann wird nicht immer genau abgerechnet. Wer nicht den ganzen Preis bezahlen kann, bekommt dennoch seine Portion. Die letzten Mahlzeiten verschenke ich an eine besonders bedürftige Familie. Wie groß ist doch die Freude, sich einmal so richtig satt essen zu können.

Durch Zufall konnten wir uns mit dem Projekt der bewussten Ernährung an eine breitere Öffentlichkeit wenden. In der staatlichen Schule präsentierten wir Rezepte zur Zubereitung von Sojafrikadellen, Sojamilch und Sojapudding. Die Schüler und auch Lehrer konnten beim Kochen mithelfen. Dies geschah in einer Art „Tag der offenen Tür". Ein Kamerateam vom staatlichen Fernsehen hat alles aufgenommen, und so kamen unsere Kochkünste sogar in das Fernsehen. Leider habe ich die Sendung verpasst, so dass ich nicht sagen kann, ob ich kurz zu sehen war.

Meine Schulklasse

Keine meine Tätigkeiten in Brasilien beschäftigt mich so sehr wie das Straßenkinderprojekt. Da ich die Sprache inzwischen etwas besser beherrsche, kann ich auf die zu Beginn so wertvolle Hilfe meiner Mitlehrer verzichten. Inzwischen leite ich das Projekt ganz selbständig. Durch den täglichen Umgang mit den Kindern erfahre ich immer neue, bewegende Schicksale meiner jungen Schützlinge. Bei manchen der Kinder ist es sehr zweifelhaft, ob man ihr Zuhause auch wirklich als Familie bezeichnen kann.

Besonders betroffen bin ich von dem Schicksal der kleinen Fernanda. Das Mädchen ist 12 Jahre alt und ist eines der ersten Mädchen im Klub gewesen. Von den grauenhaften Ereignissen in ihrer Familie habe ich erst wesentlich später erfahren. Es ist schon einige Zeit her, dass Fernandas Mutter mit ihrem Mann nicht mehr zurechtgekommen ist. Längst hat die Mutter einen neuen Liebhaber. Sie beauftragt ihren neuen Freund, den eigenen Ehemann umzubringen. Im campo (Umland) lockt der Geliebte den Vater des jungen Mädchens in einen Hinterhalt und erschlägt ihn. Vor Gericht kann er überzeugen, dass er aus Notwehr gehandelt hat – schließlich ist er selber ein Polizist. Heutzutage wohnt der Mörder des Vaters im selben Haus wie Fernanda. Sie weiß von alledem nichts, doch das Umfeld hat es nicht vergessen. Jeder hier im Viertel kennt den Mord, doch keiner kann etwas machen. Wie so oft in Brasilien.

Trotz allem gibt es von dem Straßenkinderprojekt viel Positives zu berichten. So kann ich stolz folgende Zeilen nach Deutschland schreiben:

„Dank vieler Spendengelder von Freunden und Bekannten aus Deutschland kann ich die Lehrmöglichkeiten erweitern. So erhält jedes Kind einen bunten Schnellhefter mit ausreichend Papier zum Rechnen, Schreiben und Malen. Ich habe viele Bleistifte, Kugelschreiber, Radiergummi und Anspitzer gekauft, damit jedes Kind schreiben lernen kann. Sehr hilfreich sind dabei auch die neuen Wandtafeln, die jetzt in vier Unterrichtsräumen hängen. Sie werden gleichzeitig auch von den Schwestern für die Katechese verwendet. Zusätzlich zu den selbstgezimmerten Holztischen bekam der Klub drei neue, weiße Plastiktische mit glatter Oberfläche, die sich gut zum Lernen eignen. Die Holztische werden ab sofort zum Basteln und Schreinern verwendet.

Trotz der Nachhilfe haben viele Kinder immer noch Schwierigkeiten: Ein Zehnjähriger hat zwar in der Schule gelernt, Mathematikaufgaben zu lösen, jedoch versteht er nicht, was sich hinter den Zahlensymbolen verbirgt. So weiß er, dass 2 plus 3 Symbol 5 ergibt, jedoch kann er nicht sagen, welche wirkliche Menge sich hinter der Zahl 5 versteckt. Wenn ich ihm also fünf Knöpfe zeige, kann er mir nicht sagen, wie viele es sind. Er weiß demnach gar nicht, wieso er Mathematik lernt.

Ein anderes Mädchen, welches ganz neu am Unterricht teilnehmen wollte, fragte ich zunächst nach ihrem vollständigen Namen. Sie konnte mir nur ihren Rufnamen nennen. Ihr Nachname, der Name des Vaters und der Mutter, sowie ihr Geburtsdatum und ihre Adresse waren nicht bekannt. Ich schätze sie auf 10 Jahre.

Im Portugiesischunterricht behandele ich gerade das Thema Zeit. Auch ältere Schüler mit 12 Jahren – im Übrigen sind die Erwachsenen nicht besser – kennen nicht alle Monate oder gar ihre Reihenfolge. Sie wissen nicht, wie viele Minuten die Stunde oder wie viele Tage ein Jahr hat. Man braucht viel Geduld, da die Kinder Schwierigkeiten haben, sich Dinge einzuprägen. Nach einer Woche kann immerhin die Hälfte aller Schüler die Reihenfolge der Monate aufsagen.

Es gibt auch Problemschüler. Walla ist 12 Jahre alt und möchte, wenn es nach ihm ginge, lieber die Familie verlassen und Mitglied einer Jugendbande werden, die nachts die Gegend unsicher macht und sogar schon in ein Haus eingebrochen ist. Wenn man ihn fragt, ob er ein guter oder ein schlechter Junge sein möchte, so antwortet er mit überzeugender Stimme: Ich möchte schlecht sein! Er hat keine Angst vor den brutalen Behandlungen in der ihm drohenden Jugendstrafanstalt: Denen werde ich es schon zeigen. Ich kann zurückschlagen! Walla kann weder schreiben noch richtig lesen und wird manchmal aggressiv. So griff er bereits mich und andere Schüler mit einer langen spitzen Nadel an. Dennoch halte ich es für richtig, ihn nicht aus dem Unterricht zu verweisen, da gerade solche Kinder die Hilfe nötig haben.

Was das Basteln betrifft, so schneiden die Kinder Motive aus Moosgummi (im Rucksack aus Deutschland mitgebracht) und kleben die Herzchen, Sterne, Blumen usw. auf kleine zurechtgesägte Holzblöckchen. Fertig ist eine große Anzahl hübscher Stempel. So können wir weiße Tücher mit Stofffarbe bedrucken. Anschließend hat jeder sein Kunstwerk mitgenommen, und die Mütter haben bereits ihren Kindern aus den bunten Tüchern kurze Hosen oder Röcke genäht. Zusätzlich bekommt jedes Kind eine grüne Mütze aus Deutschland zum Schutz gegen die Sonne geschenkt. Darauf sind sie besonders stolz und tragen sie stets. Ein anderes Mal bauen wir aus einem alten Tisch eine Tischtennisplatte. Sogar die Schläger werden selbst angefertigt; nur der Ball war schon vorhanden.

Eine ganz wichtige Sache ist, dass nun an jedem Nachmittag in der Pause selbstgemachter Saft und Brot verteilt werden kann. Darauf freuen sich die Kinder immer ganz außerordentlich. Jedes Mal gibt es ein riesiges Durcheinander. Wenn ich die Tüte mit dem Brot aufmache, hält es kein Kind mehr in der Reihe."

Ein paar Wochen später schrieb ich folgendes nach Hause:

„Die Lehrstelle in der Kindergruppe ist mit sehr viel Freude verbunden. Spiel- und Malprogramme habe ich eingesetzt, um die Konzentration und Solidarität zu fördern. Besonders mit den neuen Buntstiften und Wasserfarbkästen haben sie ihren Spaß. Auch der Unterricht zeigt in mancher Hinsicht Erfolg. Ich schreibe Sätze an die Tafel oder diktiere, damit die Kinder schreiben lernen können. Dabei wird auch die Silbentrennung erarbeitet. In vorbereiteten Lückentexten müssen sie Hauptstädte und Bundesstaaten eingetragen. Im Kunstunterricht lehre ich Farben. Hinter bunten Punkten müssen die Kinder jeweils die richtige Farbe schreiben. Was in Deutschland selbstverständlich klingt, muss hier mit viel Geduld beigebracht werden. Die Belohnung ist immer ein strahlendes Lächeln.

Viel Spielzeug und Unterrichtsmaterial ist angeschafft worden und wird im Gemeindezentrum in einem neuen Schrank verwahrt. Man muss so umdenken. Sicher ist es eine große Freude, wenn die Kinder eigenes Spielzeug geschenkt bekommen. Doch man ist sich nicht sicher, ob die Eltern dies angesichts der schwierigen Lage als Luxus ansehen und das Spielzeug einfach verkaufen, um sich die notwendigen Lebensmittel besorgen zu können. So hat eine Mutter ihrer Tochter die geschenkte Puppe wieder weggenommen, um sie für 1 Real zu verkaufen. Als ich sie frage, was sie mit dem Geld gemacht hat, antwortet sie mir: „Für 10 Centavos habe ich einen Lutscher für das Kind gekauft. Als Ausgleich. Von dem Restgeld habe ich uns Essen besorgt."

Inzwischen ist aus dem Klub Janela para o Mundo eine kleine Schule gewachsen. Die Unterrichtsfächer sind Mathematik, Portugiesisch und Kunst. Natürlich darf man sich das nicht professionell vorstellen. Jedoch geben die Kinder und ich uns Mühe und bringen uns gegenseitig viel bei. Immer wieder kommen Mütter und fragen, ob noch ein Platz für die Tochter oder den Sohn frei wäre. Es sind so viele Kinder, dass ich drei Gruppen bilde. Die Gruppe der Ältesten wählen einen Gruppenleiter, der die ganz Kleinen betreut. Er beaufsichtigt das Malen im Klassenraum und führt sie in einer langen Reihe zum Safttrinken in die Pause. Außerdem ist er für die Großen eine Anlaufstelle, so dass neue Ideen über den Gruppenleiter zu mir gelangen. Die Gruppenleiter wechseln gelegentlich. Die jungen Leiter zeigen besondere Verantwortlichkeit im Umgang mit den Kleinen und sind stolz darauf, dass ihnen überhaupt Verantwortung übertragen wird.

An den inzwischen verputzten Klassenraumwänden wird eine Paketschnur zwischen zwei Nägel gehängt, und die farbenfrohen Bilder aus den Malstunden werden daran aufgehängt. Das gibt dem Ganzen eine viel freundlichere Atmosphäre. Es kommt sogar vor, dass Mütter ihren Kindern Entschuldigungen schreiben, wenn sie nicht kommen können. Für mich ist das eine große Auszeichnung, denn jetzt weiß ich, dass Janela para o Mundo auch wirklich ernst genommen wird, und kein reines Freizeitprogramm mehr ist."

Bedrucken von Stoffen, Palmas/Tocantins

Improvisationsgabe

Die Kinder laden mich jetzt öfters zu sich nach Hause ein. Gerne nehme ich so viele Einladungen wie möglich an. Auf den Wegen zu den verstreuten Häusern in den benachbarten Stadtvierteln fällt mir auf, dass es in der neugegründeten Stadt immer noch an wesentlichen sozialen Infrastrukturen mangelt. Zwar gibt es in unserem Stadtgebiet vereinzelt Kindergartenschulen, jedoch keine Spielplätze oder sonstige Möglichkeiten, die Freizeit sinnvoll zu verbringen. Trotzdem entwickeln die Kinder auf der Straße eine bewundernswerte Improvisationsgabe und Lebensfreude:

Eine rund ein Meter hohe vergessene Abflussröhre aus Beton dient als Anreiz für neue Ideen. Ich beobachte die Schar Kinder, die sich um diese Röhre versammeln. Es wird ein langes Brett vom Bau geholt. Es soll als biegsames Sprungbrett dienen, das schräg über das Rohr gelegt wird. Das eine Ende wird am Boden befestigt und mit mehreren großen Steinen befestigt. Die andere Seite des Bretts ragt in die Luft. Mit Schwung federn sich die Kinder ab und springen weit in den Sand. Natürlich alles barfuß. Jeden Tag, an dem ich an dieser Wippe vorbeikomme, ist sie weiter ausgefeilt. Das Brett wird ein wenig flacher gelegt, zurechtgerückt oder besser am anderen Ende beschwert. Nach einer Woche ist das kleine Kunstwerk fertig, denn es kommen immer mehr Kinder, um zu springen. Die Geschicktesten unter ihnen üben so lange, bis sie rückwärts einen Salto drehen können. Ich höre die Kinder noch von weitem lachen.

Am anderen Ende des Stadtviertels dient eine ausgediente Matratze als Trampolin, ein alter Fahrradschlauch als Telefon. An einer anderen Stelle haben sich ein paar Kinder ein Holzbrett einfach an die Wand gelegt und benutzen es als Rutsche. Ein paar Tage später entdecke ich ein kleines Mädchen, wie es in einer abgesägten Colaflasche mit Spülmittel Schaum rührt und ein paar schillernde Seifenblasen zaubert.

Nach dem Unterricht zeigen mir drei Jungen, wie sie sich aus einer alten Sperrholzplatte Tischtennisschläger gesägt haben. Die unrunden und nicht gleich großen Schläger stören überhaupt nicht. Ganz im Gegenteil, man muss sehr viel mehr Geschick als bei herkömmlichen Schlägern aufbringen, da der Tischtennisball ungefedert und unkontrolliert abprallt. Gespielt wird auf einem ausgedienten Küchentisch. Als Netz dient ein dicker Holzscheit, der in die Mitte gelegt wird. Ich verspreche, alte Farbe zu besorgen, damit sie sich ihre Tischtennisplatte anmalen können. Grün wollen sie.

Aber nicht nur Kinder improvisieren. Auch Erwachsene lassen sich immer wieder Originelles einfallen. Auf dem Rückweg zum Schwesternhaus entdecke ich, wie unser Nachbar sich anschickt, seiner Mauer, die das Haus umgibt, einen schöneren Anblick zu verschaffen. Ihm gelingt es mit einer einfachen, aber genialen Idee. Er mauert einfach eine alte Fahrradfelge ohne Mantel in die Mauer ein. So ergibt sich ein rundes Fenster, welches gleichzeitig durch die Speichen vergittert ist und somit einen relativ guten Schutz bietet. An solchen kleinen Improvisationen erkennt man wieder einmal den Ideenreichtum der Brasilianer, aus wenig viel zu machen.

Vor dem gleichen Haus mache ich noch eine zweite ungewöhnliche Entdeckung. Mitten auf der Straße liegt ein riesiger Schulterknochen. Er ist so groß, dass es der Knochen eines Rinds sein muss. An dem Knochen picken die Hühner. In unserem Viertel werden öfters Rinder schwarzgeschlachtet und dann im Hinterhof unter drei oder vier Familien aufgeteilt. Was nicht verwertet werden kann, wird dann über die Mauer geworfen, erklärt mir der Nachbar.

Neues Dach für eine Großfamilie

Eines Tages kommt der Vater einer sehr armen Familie in das Haus der Schwestern und fragt, ob sie ihn beim Ausbau seines Hauses finanziell unterstützen könnten. Seine Familie kommt mit dem vorhandenen Platz einfach nicht mehr aus. Vor wenigen Tagen sei eine neue Familie mit sechs Kindern bei ihm eingezogen. Für seine eigene Familie sei bereits kaum genug Platz vorhanden gewesen. Trotzdem war das Gemeinschaftsgefühl so groß, dass man noch enger zusammen rückten wollte. Für jeden ist Platz, oder doch nicht?

Ich schaue mir die Behausung an und habe mich – obwohl ich inzwischen einiges gewohnt bin – diesmal wieder richtig erschrocken. Die jetzt zehnköpfige Familie lebt in einem winzigen Anbau. Drei Seiten der Baracke sind aus Sperrholz. Das Dach besteht nur aus Wellblechpappen. Der Boden ist festgestampfter Lehm. Es gibt nur einen einzigen Raum mit vier selbstgezimmerten Holzkisten als Schlaf- und Sitzgelegenheit. Das Zimmerchen hat weder Bad noch Küche, keinen eigenen Wasseranschluss, geschweige denn Kühlschrank oder sonstige Einrichtungsgegenstände. Die Kleidung hängt an Nägeln unter der Decke. Die restlichen Habseligkeiten sind auf dem Boden gestapelt. Alles ist schmuddelig und schummerig, da das Licht nur durch die offen stehende Tür einfallen kann.

Eine Vergrößerung der Hütte ist absolut notwendig. Schnell wird entschieden, dass ein paar neue Dachpappen gekauft werden, um rasch mit dem Bau zu beginnen. Die Pappen sind nicht teuer, aber notwendig, um sich in der Regenzeit vor den heftigen Regengüssen zu schützen. Auch der Schutz vor einer direkten Sonneneinstrahlung ist von großer Wichtigkeit. Zwar findet man unter den dünnen Dachpappen und Sperrholzwänden vor der Hitze keine richtige Deckung. Vielmehr wird es tagsüber in der Baracke brütend warm. Doch auch ein kleines Haus ist ein Heim. Direkt neben der Hütte bauen wir in Zusammenarbeit mit der ganzen Familie ein einfaches Holzgerüst. Dazu werden Holzstämme in den Boden gerammt. Das Gerüst bedecken wir mit den neuen Wellblechpappen, die noch am gleichen Tag angeliefert werden. Sie werden einfach auf die Querbalken genagelt. Der Anfang ist geschafft. Wir haben gemeinsam ein neues Dach für diese Großfamilie geschaffen. Zufriedenheit und Dankbarkeit sind deutlich in den Gesichtern der vielen Hausbewohner abzulesen.

Ich kehre noch viele Male in die Großfamilie zurück und bringe immer wieder eine Kleinigkeit mit. Einmal schenke ich ihnen die letzten Portionen einer feijoada. Dabei werde ich nie die großen Kinderaugen vergessen, die aus Dankbarkeit wie Sterne strahlten, zu groß war die Überraschung und Freude. Ein anderes Mal frage ich die Kinder, ob sie gerne Ball spielen. Da antworteten sie, dass sie noch nie (!) mit einem Ball gespielt hätten. Wie riesig die Begeisterung ist, als ich das nächste Mal einen knallbunten Spielball mitbringe, muss ich nicht beschreiben.

Über 800 Meilen auf dem Amazonas

Schon von klein auf hat mich der Amazonas fasziniert. Der größte Fluss der Welt, die unermessliche Weite des Regenwaldes und die Artenvielfalt der Tiere und Pflanzen, die sich in seinen noch unerforschten Gebieten verbirgt. Jules Verne schreibt: „Es wimmelt nur so von den seltensten Exemplaren der tropischen Fauna. Grüne Papageien und schreiende Sittiche wirken wie die natürlichen Früchte der Bäume. Blaue und rote Kolibris aller Art, Tisauras mit langen, scherenförmigen Schwänzen glichen abgerissenen Blüten, die der Wind herumwirbelt, orangenfarbige, an den Flügeln braun geränderte Amseln, goldstreifige Feigendrosseln und rabenschwarze Sabias pfiffen und zwitscherten unaufhörlich durcheinander. Alles schwieg aber sofort, wenn in den Baumkronen der Alma de gato, die Katzenseele – eine Art hellgelber Specht –, wie eine verrostete Wetterfahne knarrte."

Die Faszination des Amazonas wird durch seine erreichbare Entfernung so verstärkt, dass ich mich nicht wehren kann, mir diesen Wunsch zu erfüllen. Aufgrund vieler Überstunden, die ich mir bei Sonntagsarbeit verdient habe, kann ich zwei bis drei Wochen Urlaub machen. Die Route soll lauten: Palmas-Belém-Santarém-Manaus und zurück. Dies ist eine Strecke von mehreren tausend Kilometern und wird durch einen Großteil des Nordens von Brasilien verlaufen. Die Strecke von Palmas nach Belém an der Amazonasmündung soll mit dem Bus zurückgelegt werden. In Belém möchte ich ein Schiff suchen, das den Amazonas nach Manaus hochfährt.

Da alles sehr kurzfristig geplant ist, sind es plötzlich nur noch zwei Tage bis zur Abreise. Höchste Zeit, die Wäsche für einen längeren Zeitraum zu waschen und die übrigen Sachen zu packen. Nicht fehlen darf Moskitonetz, Autan und

101

die Reiseapotheke. Das Ticket für die Busfahrt von Palmas nach Belém wird am Vortag der Abreise gekauft. Der Rest wird sich schon von alleine ergeben. Aus dem Reiseführer entnehme ich die Information, dass ein Schiff von Belém über Santarém nach Manaus ungefähr fünf Tage unterwegs ist. Für diesen Zeitraum kaufe ich mir eine entsprechende Menge an Würsten und Käse als Proviant, denn das Essen auf den Amazonasdampfern soll schlecht sein. Mehr Zeit zum Planen ist nicht.

Schon sitze ich in einem noblen Überlandbus, der mich nunmehr noch weiter in den Norden Brasiliens bringen soll. Je weiter man in den Norden Brasiliens vorstößt, umso schlechter werden die Straßenverhältnisse. Schon nach kurzer Fahrt wird die Fahrt zum Abenteuer. Über den Rio Tocantins führt im kilometerweiten Umkreis von Palmas noch keine Brücke. Dennoch muss er überquert werden. Dazu rutscht der Reisebus die steile, unbefestigte Uferböschung herab. Alle werden kräftig durchgeschüttelt. Am Ufer werden die Passagiere gebeten auszusteigen. Der Bitte komme ich gerne nach. Draußen traue ich meinen Augen nicht mehr. Eine große Stahlplatte liegt am Ufer, die an ein Schlepperboot gekettet ist. Und tatsächlich fährt der Bus langsam auf diese Platte. Zu Fuß gehen auch wir an Bord. Ich nehme im Schatten einer blauen Plastikplane direkt neben dem Schlepper an der vorderen Seite der Stahlplatte Platz. Als dieser den Motor anwirft, gibt es einen ohrenbetäubenden Lärm. Dicker schwarzer Qualm steigt auf und verpestet die Luft. Der Einfüllstutzen für das Benzin ist nicht richtig verschlossen. Treibstoff spritzt aus dem Tank. Schon bildet sich eine kleine Benzinpfütze unter dem Motor. Direkt daneben genießt ein Mitfahrer seine Zigarette. Er hätte sie nur fallen lassen zu brauchen und die Reise wäre vorzeitig beendet gewesen. Schwitzend beobachte ich, wie er den Glimmstängel in einem lässigen Bogen in den Fluss schnipst.

Die weitere Fahrt ist monoton und lang. Zwanzig

102

Stunden Busfahrt sind noch zu bewältigen. Stundenlang geht es durch menschenleere Steppen. Weit und breit gibt es nur Gras und verkrüppelte Bäume zu sehen. An den Straßenrändern kennzeichnen Zaunpfähle die endlosen Ländereien der Fazendeiros. Auf den trockenen Weiden stehen einige weiße Zebrurinder vereinzelt auf weiter Flur. Nur selten kommt man an einer größeren Herde vorbei. Die Fahrt durch die glühendheißen Savannen scheint sich ins Endlose zu ziehen. Ich beginne nicht mehr die Kilometer, sondern die riesigen Ebenen zu zählen, die wir durchqueren: Serra do Estrondo, Serra das Cordilheiras, Serra do Gurupi im Maranhão und die Serra do Tiracambu. Die Savannen überziehen über 20% der Landesfläche. Sie bestehen zum größten Teil aus roter Erde, vertrocknetem meterhohen Gras und kleinen knochig verkrüppelten Bäumen mit staubtrockener Rinde. Allerdings wird die Vegetation tropischer, je weiter der Bus in den Norden vorstößt. Südlich des Amazonas stehen große Wälder aus Babaçú-Palmen. Diese wuchtige Palmenart liefert Früchte und wertvolles Pflanzenöl. Auch die schlanken, hohen Carnaúba-Palmen sind stark verbreitet. Sie tragen schwarze olivenartige Früchte, die süßlich schmecken. Auf Plantagen werden die Palmen geschüttelt, um sie zu ernten.

Schließlich trifft der Bus um sechs Uhr morgens in Belém ein, der Hauptstadt des Bundesstaates Pará. Sie liegt auf einer Halbinsel im Amazonasdelta. Viele sind der Meinung, dass man in tropischen Ländern, wenn man aus dem Bus oder Flugzeug steigt, wegen der feuchten und heißen Luft kaum atmen kann. Andere sind der Meinung, die Luft fühle sich wie ein feuchter Schwamm an. Die Umstellung ist für mich nach längerem Aufenthalt im Lande so, als würde man im Zoo in ein Tropenhaus gehen. Hier im Amazonasdelta spüre ich weder die Dicke der Luft noch die hohe Luftfeuchtigkeit. Da es noch so früh ist, soll in aller Ruhe die Stadt besichtigt werden. Zuvor möchte ich aber in

103

Erfahrung bringen, wie man genau mit dem Schiff flussaufwärts kommt. Wie stellt man das an in einer fremden Stadt mit schwerem Marschgepäck? Als aller Erstes frage ich mich zum Hafen durch. Die Leute auf den Straßen drehen sich nach mir um, kein Wunder mit dem leider sehr auffälligen Tourenrucksack. Ich hätte vielleicht mein Hab und Gut in einem großen unförmigen Koffer oder in Plastiktüten verstauen sollen, um mich der Masse der Reisenden anzugleichen.

Am Hafen frage ich einen Hafenarbeiter, um welche Uhrzeit die Schiffe nach Manaus ablegen. Ich solle zum Tor 15 gehen, dort würde ich ein Schiff finden. Also mache ich mich mit Sack und Pack auf zum Kai. Ich habe noch nicht einmal den Amazonas gesehen, da werde ich schon auf der Uferpromenade von einem Mann angesprochen, der mir ein Angebot macht, mit seinem Schiff nach Manaus zu fahren. Ich lehne höflich ab, da ich zunächst alle Preise vergleichen möchte. Der Mann lässt aber nicht locker, und so bin ich nach kurzem Zögern einverstanden, sein Schiff zu besichtigen. Der Vertreter ist anscheinend im ganzen Hafen bekannt. Er schleust mich mit Gepäck durch alle Sicherheitsvorkehrungen und Kontrollstellen. Das gezeigte Boot ist ein weißer dreistöckiger Amazonasdampfer, wie ich ihn schon auf Bildern im Reiseführer gesehen habe. Das Schiff erinnert an einen Mississippidampfer – nur mit Schiffsschraube statt Schiffsschaufel. Ich betrete das Mitteldeck. Die Reling besteht aus einem hübschen Holzzaun, der mit frischer weißer Farbe angestrichen ist. Es gefällt mir. Unter der Decke des Mitteldecks sind Eisenrohre befestigt, um eine Unzahl von Hängematten aufzuhängen. Mich interessiert aber eine abschließbare Kabine, wo ich mein Gepäck unterbringen kann, damit ich mir noch Belém angucken kann. Der Mann schlägt mir eine camarote für 380 Reais (ca. 190 Euro) inklusive fünftägiger Verpflegung vor. Mit gespielter Empörung lehne ich ab. Wenn man als Tourist erkannt ist,

104

darf man davon ausgehen, dass die Preise um 200 Prozent steigen. Da heißt es Nerven behalten und handeln. Feilschen gehört in Brasilien zum Geschäft dazu. Mit dem Hinweis auf die Konkurrenz handele ich den Preis stark hinunter. Ich bezahle einen fairen Preis von 150 Reais. Trotz der beengten Behausung kann ich mein Gepäck gut unterbringen. Ein Hängemattenplatz hätte 100 Reais gekostet.

Von der Reling beobachte ich das hektische Treiben am Kai. Im untersten Deck wird gerade die Ladung deponiert. Es sind große Kisten mit Lebensmitteln, Kleidung, Schuhen, Hühnern und was sonst noch alles im Dschungel gebraucht wird. In einer langen Schlange werden sie von Person zu Person weitergereicht und schließlich unter Deck geworfen. Andere tragen wie emsige Ameisen geflochtene Binsenkörbe auf dem Kopf an Bord. Zwischen den Kistenbergen sind Hängematten aufgespannt, wo sich die Besatzung ausruhen kann. Zwischen den großen Dampfern, die wie Perlen an einer Schnur am Kai vertäut sind, eilen kleine Holzkanus geruhsam hin und her. Die Körbe, die sie transportieren, sind mit Bananen und Apfelsinen gefüllt. Wieder andere bringen frisch gefangene Garnelen in Holzreusen oder zappelnde Fische wie den tucunaré zum Markt.

Ich hinterlasse mein Gepäck in der abschließbaren Kabine und mache mich auf, die exotische Hafenstadt zu besichtigen. Mein erstes Ziel ist der berühmteste Hafenmarkt in ganz Brasilien, der Ver-o-peso. Übersetzt bedeutet das: Achte auf das Gewicht. Im Volksmund wird der Markt auch als Ver-o-preço – Achte auf den Preis – verspottet. Der Markt beginnt direkt am Kai. An der Mauer sitzen Seemänner mit verwegenen Tätowierungen. Sie sind mit Lumpen bekleidet, starren und grölen mich an. Es sind die einzigen Tätowierungen, die ich überhaupt in ganz Brasilien gesehen habe. Sicherlich sollte man neben Gewicht und Preis auch auf Taschendiebe achten. Schnell schlängele ich mich an den Massen vorbei und tauche in das bunte Gewimmel der unzähligen Buden.

Wie in einem Märchen stehen alte verwitterte Frauen hinter den klapprigen Verkaufsständen. Sie bieten die verschiedensten Erträge des Urwaldes an. Man findet alles: Flaschen mit Honig, Kräuterbündel, getrocknete exotische Blüten, Öle aus Dufthölzern und verschiedene Einmachgläser in allen Größen mit selbstgebrauter Medizin. Es gleicht einem Hexenmarkt. An der nächsten Ecke kann man einen Stoß Baumrinde erstehen. Wenn man möchte, wird daraus gleich ein Tee gebraut. Er soll Krankheiten heilen können. Auf flachen Tischen liegen offene Säcke mit Kräutern und Gewürzen. Jede Sorte liegt auf einem Tuch, so dass sich eine Vielzahl von bunten und duftenden Häufchen bildet. Es werden Basilikum, Zimtstangen, Kautschuk und Pfefferschoten in Grün und Feuerrot angeboten. Hier findet man auch den malageta, den die Brasilianer als schärften Pfeffer der Welt bezeichnen. In Holzkisten liegen bergeweise Paranüsse, Knoblauchzehen und Maiskolben. Etwas weiter krabbeln in kleinen Holzkäfigen schwarze Krebse zwischen algenüberzogenen Muscheln herum. Sogar getrockneter Fisch steht zum Probieren bereit.

Die Preise sind auf Pappschildern notiert. Das Gewicht der Waren wird auf alten Waagen mit Gewichtstücken gemessen. An Schnüren, die die einzelnen Stände verbinden, hängen grüne Flaschen mit Schlangen und anderem Getier, die in Schnaps konserviert sind. Neben den Flaschen hängen Affenköpfe und andere Schrumpfköpfe. Auch getrocknete Schlangen am Stück sind neben Tierpfoten und Häuten an den Schnüren befestigt. Man muss sich ducken, um darunter vorbeizukommen. An einem ganz versteckten Stand kann man Delphinaugen erstehen. Die konservierten Augen des Delphins sollen böse Geister abschrecken. Kurz überlege ich, ob ich mir eines zulege, damit die Überfahrt nach Manaus gut geht. Sie gelten aber auch als Liebeszauber, und ich lasse lieber die Finger davon. An dem unheimlichen Stand sind Medikamente gegen jedes Leiden zu erstehen. Wie verzaubert versuche ich, aus dem Gewirr von Ständen, Buden und Menschen wieder herauszufinden.

Doch ganz unerwartet stehe ich plötzlich wieder am Rand des Marktes. Rund um den Markt stehen kleine Grillstände, auf denen Piranhas, Schlangen und Krokodile angeboten werden. Dazu gibt es den süßen Saft der Guaraná. Das Getränk wird aus einer Kastanie hergestellt und ist in ganz Brasilien zu finden. Ganz anders schmeckt die aus dem Amazonasgebiet stammende açai. Die kirschgroße Frucht hat einen Fischgeschmack, der gewöhnungsbedürftig ist. Die eiskalten Säfte werden in Plastikbechern angeboten.

Direkt neben dem Markt steht die berühmte Fischhalle, das Wahrzeichen von Belém. Die Halle ist eine Eisenkonstruktion mit vier Türmen und wurde von Gustav Eiffel erbaut. Neugierig werfe ich einen Blick hinein. In der Halle herrscht ein fast unerträglicher Fischgestank. Trotzdem drängen sich die Kunden an den Ständen. Die Verkäufer preisen lautstark ihre Ware an. Hier gibt es immer frischen Fisch. Ich zwänge mich nur mit Mühe durch die Menschenmassen vor die Verkaufsstände, um etwas sehen zu können. Es werden Fische angeboten, die ich in meinem Leben noch nie gesehen habe. Auf der Theke liegen kleine bunte Fische, die mehr einem Papagei ähneln, bis hin zu Ekel erregenden, braunschleimigen Karpfen, von denen man nicht erwarten kann, dass sie schmecken. Die Piranhas werden ebenso angeboten wie der Riese der Flüsse, der zwei Meter lange pirarucu, dessen Haut eine rotschwarze Musterung hat. Die Fleischstücke dieses Riesenfisches haben solche Ausmaße, als wäre ein Rind geschlachtet worden. Riesige Welse werden auf den Baumstümpfen der Urwaldriesen mit scharfen Säbeln in mundgerechte Portionen gehackt. Blut fließt auf den glitschigen Boden. Die Eingeweide werden in Eimer geworfen und später an Hunde verfüttert. Die Einheimischen fassen den Fisch an, öffnen die Mäuler und riechen an ihm, um die Frische der Ware festzustellen.

Vor der Fischhalle liegt der Markt der Armen. Die frisch gefangenen Fische zappeln auf mehreren umgekehrten Holzkisten, die zwischen den Pfützen aufgestellt wurden. An Ort und Stelle werden sie auf dem Kopfsteinpflaster mitten im Gedränge ausgenommen und gesäubert. Die Innereien der Fische werden über den Rücken in das Hafenbecken geworfen. Vögel streiten sich um die Abfälle.

Je höher die Sonne steht, umso übler wird der Gestank. Mir wird schwindelig. Kokosnüsse und Bananen werden lautstark aus der Hand angeboten. Ich zwänge mich durch die eng stehenden Kisten. Die Seeleute auf der Kaimauer starren mir nach. Deutlich spüre ich den stechenden Blick auf meinem Rücken. Ich laufe schneller und verlasse diesen unheimlichen Ort.

Ein wenig abseits entdecke ich das Forte do Castelo. Im 18. Jahrhundert erbauten die Portugiesen diese Festung, um sich gegen unerwünschte Nebenbuhler im Eroberungskampf des Amazonas zu wehren. Eine mächtige Kanone im Innenhof, lässt die Macht nur erahnen, die einst von dieser strategisch wichtigen Stelle ausging. Von den mächtigen Mauern blicke ich über die Bucht von Marajó. Von hier hat man einen wunderschönen Ausblick über den Amazonas. Zum ersten Mal sehe ich den Fluss in seiner vollen Pracht. Er ist unermesslich groß. Wo fängt das Meer an oder wo hört der Fluss auf? An den Ufern unter mir ragen hölzerne Stege in den Fluss. Daran sind die Fischerboote getaut, die schon von ihrem täglichen Fang zurückgekehrt sind. Bald werden sie wieder in See stechen. Den Hang hinab haben die Fischer in Holzbuden ihr Zuhause. Ich folge den hölzernen Laufstegen zwischen den Buden, die im Wasser sogar auf Pflöcken stehen. Alle Konstruktionen sind aus Brettern, Balken und Wellblechpappen zusammengenagelt. Sie scheinen im Wasser zu schwimmen und sich in den Wellen zu wiegen. Trotz der Armut bietet sich ein malerischer

Anblick.

Durch die Altstadt laufe ich im Schatten der Mangobäume in Richtung Park Rodrigues Alvez. Unbedingt möchte ich diesen Tierpark in Belém besichtigen. Der künstlich angelegte Dschungel ist atemberaubend. Die Bäume sind höher als ganze Häuser, und ihre Stämme sind so dick, dass es unmöglich ist, sie zu umfassen. Farne und Bambus wachsen hier zu gewaltigen Büschen. Man hat den Eindruck, die Natur möchte sich selbst übertreffen. Überall ein gegenseitiges Überwuchern und Ineinanderranken. Durch den Park selbst führen kleine verschlungene Pfade. Mit ein wenig Glück sehe ich eine große Echse, die still auf einem Ast verweilt, um sich in der Sonne zu wärmen. Der Park bietet Käfige mit jeder Menge von einheimischen Tieren. Natürlich sind Krokodile, Schildkröten und Affen zu entdecken genauso wie Tapire und Wasserschweine. Der Vogel Strauß hingegen verwundert mich, da er doch eigentlich eher in Afrika oder Australien anzutreffen ist.

Unter einer Bambushütte mache ich ein wenig Rast, um mich zu erholen. Durch Zufall entdecke ich zwei Telefonzellen und nutzte die Gelegenheit, mich mal kurz zu Hause zu melden. Wer weiß, vielleicht habe ich später keine Gelegenheit mehr dazu. Beim Telefonieren bemerke ich, dass das Telefon zu meinen Gunsten defekt ist, es zieht keine Einheiten von meiner Karte ab. Ich kann solange reden, wie ich möchte. Endlich wieder Neuigkeiten aus der Heimat. Diese günstige Gelegenheit nutze ich aus und telefoniere nicht nur mit meiner Familie, sondern mit all meinen Freunden.

Trotz aller Schönheit des Amazonasdeltas muss ich bittere Informationen entgegennehmen, als ich später im Fernsehen eine Reportage über Kinderprostitution in Belém verfolge. So wird berichtet, dass man bereits ab 15 Reais abwärts Sex an 14- bis 15-jährigen Mädchen kaufen kann. Die Angebote stehen bei 1 Real für eine 13-jährige. Anders ausgedrückt: Einige Kinder sind gezwungen, ihren Körper gegen ein Butterbrot zu verkaufen. Für manche ist der Kampf ums Überleben perverseste Realität.

Das Schiff verlässt den Hafen von Belém noch am selben Tag gegen sechs Uhr abends. Es wird schlagartig finster. In der Dunkelheit kann man die riesigen Ausmaße des Amazonas nur erahnen. Wie ein Meer erstreckt sich das Wasser vor Bug und hinter Heck bis zum Horizont, wo man die Wölbung des Erdkreises erkennen kann. Es ist beeindruckend, sich auf dem größten Fluss der Welt zu befinden. Nur mit gutem Auge kann man das schwache, bläuliche Ufer der anderen Seite im Dunst erkennen. Als ich den Kapitän frage, wie weit denn das Ufer entfernt ist, antwortet er mir, es sei gar nicht das andere Ufer, sondern erst eine große Insel ungefähr in der Mitte des Flusses. Dahinter sei der Amazonas noch einmal so breit.

Flussaufwärts fährt das Schiff nur unweit vom Ufer entfernt. Am Ufer ist die Gegenströmung nicht so stark wie in der Flussmitte. Ich stehe an der Reling. Noch im Dunkeln bekomme ich den ersten Eindruck des Regenwaldes, der das nahe Ufer wie eine undurchdringbare Wand verdeckt. Die hohen Bäume stehen wie eine dunkle, geheimnisvolle Wand. Die Büsche ranken in den Fluss, als wollten sie auch das Nass überwuchern. Der Amazonas selbst nimmt dies eher gelassen. Vom Boot aus erkennt man keinerlei Strömung. Nichts rührt sich – wie ein stiller See liegt der Fluss unter sternklarem Himmel. Der plötzliche Mondaufgang ist ein sagenhaftes Ereignis. Der Trabant erscheint hier nicht als Sichel, sondern als Halbkreis. Seine abgeschnittene Hälfte steht parallel zur Erdoberfläche. So groß wie die Sonne und in einem leuchtenden orangeroten Licht steigt er in die pechschwarze Nacht. Es scheint einen süchtig zu machen, ihn unter fremdem Sternenhimmel zu verfolgen.

Am nächsten Morgen entdecke ich am Flussufer vereinzelte Indianerhütten. Ganz versteckt liegen sie da und scheinen kurz davor zu sein, vom grünen Dickicht

110

verschlungen zu werden. Die Indianer müssen ihren Wohnraum täglich der Natur abringen, da eine lichte Stelle im Wald nur sehr selten zu finden ist. Sie roden ein kleines Feld am Flussufer, um ihre Hütte zu bauen. Diese ist meist ganz aus den Materialien des Waldes gebaut. Die Wände und Dächer sind aus Palmenblättern kunstvoll geflochten. Die Hütten stehen auf Pfeilern, um sie gegen den schwankenden Wasserstand zu schützen. Der Eingang der Hütten steht offen. Immer führt ein Steg in den Fluss, denn die einzige Verbindung zur Außenwelt ist das kleine Holzkanu, was dort vertäut ist.

Zuweilen sieht man eine Indianerin ihre Wäsche am Fluss waschen und zum Trocknen an den Steg hängen. Die Zivilisation hat auch hier schon ihre Zeichen hinterlassen. Mit großen Anabolantennen können die Indianer mehrere brasilianische Fernsehprogramme empfangen. Den Strom bekommen sie durch Generatoren, die durch Motoren angetrieben werden. Ob die Indianer, deren Großteil noch Analphabeten sind, verstehen, was über das Fernsehen vermittelt wird?

Die Indianer sehen die großen Flussdampfer schon von weitem. Wenn unser Schiff eine kleine Siedlung passiert, legen ganze Familien mit ihren schmalen Kanus ab. Oftmals sind es kleine Kinder, die sich mit dem wackligen Baumstamm durch die Wellen kämpfen. Sie winken und rufen uns zu. Die Passagiere unseres Schiffes werfen vorbereitete Plastiktüten mit Kleidung und Lebensmittel über Bord. Manche werfen sie sogar direkt ins Kanu oder zumindest in die Nähe, damit die Indios die Pakete auffischen können. Eine alte Brasilianerin fordert mich auf, ihr Plastikpaket zu werfen, da sie keine Kraft mehr hat. Ich werfe so weit ich kann in die Richtung eines Kanus. Es landet in der Nähe eines Kanus im Wasser. Eine junge Indianerfrau kann das Paket auffischen.

Ganz mutige Indianer versuchen unter Lebensgefahr,

auf unser Schiff zu kommen. Dazu paddeln sie so schnell sie können vor unseren Bug. Die Wellen sind viel höher als das winzige Kanu, so dass es jederzeit kentern könnte. Haarscharf saust unser Kiel am Kanu vorbei und hätte es in jedem Fall zertrümmert, wenn dessen Insassen nicht blitzschnell reagiert und ausgewichen wären. Jetzt haben die beiden Indianer nur eine einzige Chance, an Bord zu kommen: Einer von ihnen wirft einen Enterhaken an einem langen Seil und versucht, einen Autoreifen an der Schiffseite zu treffen, um sich daran festzumachen. Der andere steuert das Kanu, welches scheinbar ohne Kontrolle im Kielwasser trudelt. Der Indianer hat bei diesem lebensgefährlichen Manöver nur einen Wurf, da sonst unser Dampfer vorbeigefahren wäre. Oftmals geht der Versuch daneben. Der Haken rutscht ab, das Kanu wird gnadenlos überholt. Manchmal gelingt es aber. Dann ziehen die Indianer das Kanu nicht selten unter der Mithilfe der Passagiere immer näher an den Dampfer, um es schließlich festzubinden. Erschöpft und platschnass klettern die Indianer an Bord.

Wer auf solchem abenteuerlichen Weg an Bord geht, braucht natürlich keine Fahrkarte zu lösen und kann kilometerweit umsonst mitfahren. Der blinde Passagier hat schließlich für jede Menge Unterhaltung auf der sonst recht monotonen Fahrt gesorgt. Oftmals wollen die Indianer ihre Ware verkaufen, die sie mitgebracht haben. Aus dem Kanu holen sie flink selbstgebackenes Brot, Käse oder frisch gefangene Garnelen. Andere bringen geschälte Apfelsinen oder Fische mit an Bord. Sie tauschen ihre Ware gegen warmes Essen aus der Kombüse oder gegen ein paar Münzen. Manche Passagiere werfen ihr Kleingeld in das Kanu. Der Koch verschenkt einen Sack Essensreste aus der Küche. Ich gebe den Leib Käse, den ich mir als Proviant eingepackt habe, mit auf dem Weg. Vor der Abfahrt scheffeln die beiden Indianer mit einer alten Untertasse das Wasser im Kanu von Bord.

112

Die Tage verbringe ich auf dem Oberdeck. Hier kann man es sich in den Holzliegestühlen bequem machen. Sogar eine Bar gibt es. Aus kleinen Lautsprechern dudelt ununterbrochen brasilianische Folklore. Zwar rauscht es sehr, doch daran stört sich keiner. Abends treffen sich hier die Passagiere unter freiem Himmel und spielen Domino. Den Weg mit dem Schiff nach Manaus machen viele Geschäftsmänner, Fischer, Bauern und Abenteurer. Einige sind durch einen harten Lebensweg gekennzeichnet. Das zeigen tiefe Furchen, die das Klima in ihrem im wettergegerbten Gesicht hinterlassen hat. Doch aufgeschlossen sind sie alle. So werde ich sofort auf eine Partie Domino eingeladen. Man kommt schnell ins Gespräch.

Einer der Mitspieler ist ein argentinischer Goldminenbesitzer. Er ist auf dem Weg, seine Minen zu besichtigen. Er hat kleine schwarze Augen und einen stechenden Blick. Langes fettiges Haar fällt auf seine Schultern. Er greift in seine Hosentasche und holt ein dreckiges Taschentuch hervor. Darin sind zwei kirschgroße Goldklumpen eingewickelt. Er flüstert mir zu, ob ich sie nicht kaufen möchte. Er kommt mir sehr unseriös vor. Ich stelle mich harmlos und nehme die Goldklumpen in die Hand. Sie fühlen sich an wie vergoldete harte Alufolie. Viel zu leicht. Aus Neugierde frage ich nach dem Preis. Er will nur 20 Reais für einen Klumpen. Freundlich lehne ich ab, spiele aber weiter den Unwissenden, um zu sehen, was er mir noch anbieten würde. Und tatsächlich steht er ein paar Minuten später auf und kommt kurz darauf mit einem Fotoapparat wieder. Auch den bietet er mir zum Kauf. Jetzt weiß ich, dass er es wirklich nur auf Touristen abgesehen hat und sage es ihm auch. Da lacht er, springt auf, umarmt mich und nennt mich seinen Freund. Man kann ihm unmöglich böse sein, obwohl er versucht hat, mich reinzulegen. Während des Dominospiels unterhalten wir uns über die brasilianische Musik, die immerzu aus den Boxen an Bord gespielt wird. Als er kurze

Zeit später von Bord geht, schenkt er mir eine Kassette mit einer Zusammenfassung der schönsten brasilianischen Folklore-Lieder als Erinnerung. Vielleicht auch als Entschuldigung dafür, dass er nicht nach Argentinien fährt, um seine Goldminen zu besichtigen.

Unterwegs hält der Amazonasdampfer immer wieder an kleinen Urwalddörfchen. Nachdem die Ilha de Marajó, die größte Flussinsel der Welt, umschifft wurde, passieren wir Breves am Rio do Tajapuru. Doch nächster Halt ist erst Santarém, die Stadt am Rio Tapajós. Dort sollen neue Passagiere aufgenommen werden. Noch bevor der Dampfer seine Leinen am Kai von Santarém festmachen kann, springen die Einheimischen an Bord. Es gleicht einem Enterversuch durch Piraten. Vor allem Kinder klettern wie die Affen an der Brüstung des Schiffes hoch. Jeder will der erste an Deck sein. Dann mischen sie sich unter die Passagiere und bieten kleine Beutelchen mit Nüssen, Kuchen oder getrockneten Bananenchips an. Andere verkaufen frischen Kaffee. Als Ausländer wird man sofort erkannt und als erstes gefragt, ob man etwas abkaufen möchte. Mir werden Käse und zappelnde Garnelen unter die Nase gehalten. Freundlich lehne ich ab.

Santarém liegt ungefähr auf halber Strecke zwischen Belém und Manaus. Es ist ein kleines verschlafenes Örtchen, das vom Urwald an das Ufer gedrängt wird. Hier verweilt das Schiff den ganzen Tag, um einen Großteil der Ladung zu löschen. Es regnet aus allen Kübeln. Das Klatschen der unzähligen Wassertropfen auf das Deck erzeugt ein dröhnendes Rauschen – wie ein Wasserfall. In diesem Klima trocknen nasse Sachen nur sehr schwer. Dennoch ziehe ich meinen Lederhut mit der breiten Krempe auf und gehe von Bord.

Ich möchte die Unterbrechung der Fahrt nutzen, um mir Informationen zu holen, ob man von Santarém mit dem Bus in den Süden kommen kann. Wie lange und wie teuer eine Busfahrt von Santarém nach Cuabá ist. Eine Strecke von mehreren tausend Kilometern direkt durch den Urwald. Das reizt mich. Ich schlage mich auf den überfluteten Straßen zum Busbahnhof durch. Unterwegs frage ich einen Einheimischen nach dem Weg. Was ich denn am Busbahnhof wolle? Dringend rät er von einer Fahrt durch den Wald ab. Es würde zwar ein Bus fahren, doch die Straßen seien in äußerst schlechtem Zustand. Es kommt vor, dass der Bus mitten im Busch stecken bleibt. Unter besten Voraussetzungen würde eine Fahrt mindestens drei Tage dauern. Besser wäre es, wenn man mit dem Schiff über Manaus bis Porto Velho fahren würde, von dort aus sollte man versuchen, sich weiter durchzuschlagen. Sogar der Busfahrkartenverkäufer rät mir davon ab, mit einem Bus zu fahren. Viel zu gefährlich, ist sein einziger Kommentar. Der Regen wird dichter. Die taubeneiergroßen Tropfen beschränken die Sicht auf wenige graue Meter. Meine Kleidung saugt sich mit Wasser voll. Ich kehre zum Schiff zurück, um mir trockene Sachen anzuziehen. Der Landausflug hat mich überzeugt, dass es wohl besser ist, zunächst die Fahrt nach Manaus fortzusetzen.

Von Deck beobachte ich zwei Kanufahrer, die an unserem Boot festgemacht haben. Der wasserfallartige Regen scheint sie nicht zu stören. Friedlich gondeln sie mit ihrem winzigen Holzkanu zwischen den gewaltigen Passagierdampfern umher. Sie schützen sich mit einem kleinen Regenschirm gegen die Sintfluten. Gegen das stetig ansteigende Wasser in ihrem Boot kämpfen sie mit flachen Tellern, indem sie das kalte Nass hinausscheffeln. Trotz allem finden sie genug Zeit, sich um ihr Geschäft zu kümmern. Das besteht darin, Orangen zu schälen und zu verkaufen. Mit einem langen Säbel werden die Orangen in Windeseile geschält, dass die Fetzen nur so fliegen. Für das Schälen einer Orange benötigt der Orangenverkäufer nur fünfzehn Sekunden. Jeweils fünf geschälte Orangen werden in ein Netz gesteckt. Auf Wunsch auch mehr. Auf Zuruf wirft er aus wackligem Stand einen Sack frisch geschälter Orangen in

115

einem eleganten Bogen auf das Oberdeck – direkt in die Arme des Kunden. Das Deck ist zehn Meter über der Wasseroberfläche. Der Kunde lässt daraufhin ein 50 Centavosstück fallen. Daran wird wieder die Klassengesellschaft besonders deutlich. Ich denke noch lange darüber nach, während sich der Orangenmann an den dicken Ankerseilen zum nächsten Dampfer hangelt und auf sein Glück hofft. Er verschwindet schließlich ganz im grauen Nass.

Das Beladen des Dampfers scheint noch Stunden zu dauern. Immer wieder kommen neue Handkarren. Sie bringen Kisten mit Obst, Eiern, Schuhen und Konserven. Der ganze Vormittag wird mit dem Verladen von Gütern verbracht, und es ist noch lange kein Ende in Sicht. Schon längst sind wir nicht mehr im Zeitplan. Dass Brasilianer nicht immer ganz pünktlich sind, habe ich schon öfters festgestellt. Der Brasilianer verspätet sich nämlich auf ganz eigentümliche Weise. Empfindet er einen Termin für nicht ganz so wichtig, so kommt er auch nicht ganz so pünktlich. Das hat den Vorteil, nie unter Zeitdruck zu stehen. Deshalb muss man bei Verabredungen oder Treffen immer eine Verspätung einplanen. Termine sind demnach eigentlich nur Empfehlungen. Das Warten empfindet ein Brasilianer aber nicht als lästig. Die Wartezeit wird nicht verschwendet, sondern damit genutzt, dass man über andere Dinge nachdenken kann. Große Veranstaltungen fangen grundsätzlich mit einer viertelstündigen Verspätung an. Dies habe ich im Hinterkopf, als ich den ersten Passagier frage, wann es denn weitergehen würde. Ja, ja, gleich, gleich, in zwei Stunden um 14.00 Uhr. Ich habe mir angewöhnt, bei so etwas nie einem einzigen Brasilianer zu vertrauen und frage noch einen zweiten. Ich bin keineswegs erstaunt, als der felsenfest überzeugt 18.00 Uhr als Abfahrtszeit angibt. Ein echter Brasilianer gibt lieber eine falsche Auskunft, als gar nicht weiterhelfen zu können. Der Kapitän meint 15.00 Uhr, ein

116

dritter Passagier 17.00 Uhr. Aus Spaß bilde ich aus den noch zu verweilenden Stunden den Mittelwert und liege bei meiner Schätzung goldrichtig. Das Schiff verlässt den Hafen von Santarém um 16.00 Uhr.

Die Fahrt geht weiter. Das Dominospiel mit den Männern und die Gewitter am Nachmittag bieten die einzige Abwechslung. Gegen Abend gibt es in der Regel jede Menge Blitze. Ihr aggressives Orange hebt sich wunderschön vom Schwarz der Nacht ab. Dabei kracht es ordentlich. Ebenso monoton wie die Überfahrt ist das Essen an Bord. Jeden Tag gibt es Spaghetti, die zuvor in Öl gekocht werden. Dazu einen dicken schwarzen Bohneneintopf mit jeder Menge Fleischeinlage. Wenn man möchte, kann man sich den Teller noch mit geröstetem Maniokmehl verfeinern. Sägemehl würde mit Sicherheit besser schmecken. Ich habe nie herausbekommen, was die Brasilianer an dem Röstmehl so schmackhaft finden. Es darf bei keiner Mahlzeit fehlen. Zu trinken kann man sich mit einem Plastikbecher aus einem Wasserspender holen. Sauber ist das Wasser wohl. Jedenfalls wurde mir nicht schlecht. Auf Wunsch kann man es sogar eiskalt bekommen. Einen eigenen Wasservorrat mitzunehmen, wäre überflüssig.

Jedoch hätte ich eine eigene Dusche und ein eigenes Klo dabei haben müssen. Die sanitären Einrichtungen auf dem Schiff entsprechen ihrem Ruf. Den ganzen Tag schwitzt man in der Gluthitze und freut sich gegen Abend auf eine Erfrischung. Die wird auf dem Schiff jedoch mit Sicherheit ganz anders ausfallen, als man es sich vorstellt. Wenn man in das kleine Bad steigt, wird man von einem Uringestank empfangen, der einem schon die gesamte Lust am Baden nimmt. Die Duschwanne ist entsprechend gelb gefärbt. Man zieht sich aus, klemmt seine Anziehsachen hinter eine dreckige Röhre an der Decke, weil man sie nicht auf den schmutzigen Boden legen möchte und wird im selben Moment von dicken Schmeißfliegen belästigt. Der Duschkopf

117

hängt voller Schaben. Ich lasse erst einmal Wasser laufen und sehe zu, wie das Ungeziefer gurgelnd im Abfluss verschwindet. Es dauert eine Weile, bis das gelbe Wasser klarer wird und man duschen kann. Zur Sicherheit seife ich mich dreimal ab. Das Klo ist braunverkrustet, keiner scheint es je gesäubert zu haben. Abgezogen wird nicht, da jeder so schnell wie möglich heraus möchte. Ob man nach dem Bad sauberer ist als zuvor, kann ich nicht bestätigen. Aber nach drei, vier Tagen hat man sich auch daran gewöhnt.

Nach zwei Drittel der Fahrt hat das Schiff Santarém schon weit hinter sich gelassen. Mit meiner Landkarte besteige ich die Brücke, um den Kapitän zu fragen, wo wir uns ungefähr befinden. Mit verblüfftem Blick schaut er auf die Karte und sieht mich mit einem fragenden Blick an. Ich frage, ob er mir zeigen kann, welche Stadt wir als nächstes anlaufen. Der Kapitän nimmt wortlos die Karte in beide Hände und schlägt sie ganz auf. Ich folge seinem Finger. Nach einigem Zögern bleibt er stehen. Hier ist es ungefähr. Er markiert ein Gebiet unterhalb des Pantanaltales an der Grenze zu Bolivien, was mehrere tausend Kilometer südlich vom Amazonas entfernt ist. Etwas verdutzt sehe ich mir erst den Kapitän an und schaue mich ein wenig genauer auf der Brücke um. Es ist weder eine Karte noch ein Kompass zu sehen. Überhaupt ist außer einem Funkgerät kein weiteres technisches Navigationsmittel zu finden. Radar ist dem Schiffsoberhaupt mit Sicherheit noch unbekannt.

Ich frage den Kapitän, wie er sich denn ohne Hilfsmittel auf dem Amazonas zurecht finden kann. Da fängt er an zu lachen. Er richte sich nach den Größen der Nebenflüsse, Anzahl der Abzweigungen und der Farbe des Wassers. Ungefähr so: Beim vierten Fluss rechts, bei der nächsten Dreiergabelung dem dunklen Wasser folgen usw. – außerdem fahre er schon jahrelang auf dem Fluss, er sei seine zweite Heimat. Eigentlich unglaublich dieser Orientierungssinn, da für mich alles gleich aussieht. Aber

118

wenn man sein Leben lang den Amazonas befährt, prägt sich jede Einzelheit ein.

Ich vermute, dass wir nur noch ein paar hundert Kilometer von Manaus entfernt sind und genieße die letzten Stunden auf dem Oberdeck. Am nächsten Tag erreicht das Schiff in fortgeschrittener Nacht tatsächlich sein Ziel. Schon von weitem sieht man die hellen Lichter der Millionenstadt. Der Amazonasdampfer hält am schwimmenden Kai. Durstig nach Bewegung springen die Passagiere von Bord. Manaus ist eine Industriestadt. Direkt am Flussufer beginnen die ausgedehnten industriellen Gebiete. Die Stadt begrüßt die Ankommenden mit großen Fabriken und hohen rauchigen Schornsteinen. Im Hafen liegen beladene Containerschiffe vor Anker. Sie sind so groß wie Hochhäuser. Ohne Unterlass treffen hupende Lkws ein, die ihre Ware abholen oder bringen. Von einer Amazonasidylle kann keine Rede sein. Ich befinde mich im Großstadtdschungel.

Aus dem Süden treffen hier sechs Mal täglich Flugzeuge mit reichen Brasilianern ein. Manaus ist eine Freihandelszone und damit ein Dorn im Auge der Politiker in São Paulo, Brasília und Rio de Janeiro. Die zollfreien Waren wie Fernseher, Parfüme und teure Kleidung sind hier billig zu erstehen und werden wie im Rausch konsumiert. Als Europäer lässt mich dies eher kalt. Mich reizen vielmehr die kleinen Lädchen an den Straßenrändern. Die Buden bieten jede Menge Krimskrams an, der säuberlich auf Holzplatten zur Schau gestellt wird. Hier findet man alles: bunte Perlen, Handytaschen, Schrauben und Uhren. Außerdem ist es viel billiger als in den offiziellen Geschäften.

In Manaus, wie auch in ganz Brasilien, gibt es übrigens streckenweise nur oberirdische Stromkabel. Oftmals leiten die kleinen Straßenbuden ihren Strom von den Oberleitungen ab. Dazu werfen sie einen langen Eisendraht mit Haken über das Stromkabel. So können sich die Buden schnell und billig mit Strom versorgen. Allerdings ist es schon spät, und die Buden werden jetzt nach und nach abgebaut. Die stromführenden Eisendrähte bleiben aber hängen, wohl um am nächsten Tag an gleicher Stelle ihre Arbeit wieder aufnehmen zu können. Sie baumeln auf Kopfhöhe über den Bürgersteigen im Wind. Sicherheitshalber nehme ich ein Taxi zu einem billigen Hotel im Stadtkern nach Wahl des Fahrers. Es wurde mir abgeraten, im Dunkeln durch die schummrigen Gassen von Manaus zu laufen. Schnell ist eine Unterkunft gefunden, und ich freue mich seit langem auf ein warmes Bett auf festem Boden.

Am nächsten Morgen schlendere ich durch die Gassen, um mir die Urwaldstadt bei Tageslicht anzusehen. Auf den Straßen ist hektische Betriebsamkeit. Auf den schmalen Bürgersteigen laufen Kinder mit Thermoskannen umher und bieten kleine Plastikbecher mit Mokka an. Andere fragen, ob sie Schuhe putzen dürfen und halten flehend ihren kleinen Holzschemel hin. Ich bin hin und her gerissen zwischen dem Gedanken, den Kindern etwas Gutes zu tun, wenn ich sie meine Schuhe säubern lasse, oder ob ich sie ausbeute. Schließlich kann ich mich nicht überwinden. Ich finde es zu unfair, sich von anderen die Schuhe putzen zu lassen.

Besonders dicht ist das Gedränge vor dem Amazonastheater. Zu Zeiten des Kautschukbooms stellten hier die Gummimillionäre ihren Reichtum zur Schau, den sie durch ihre Kautschukplantagen erworben hatten. Im Stil der italienischen Renaissance wurde der Prachtbau von jenen erbaut, die nur so in Gummimilch schwammen. Den damaligen Kautschukmonopolisten war nichts zu teuer. Aus ganz Europa wurden die Baumaterialien eingeschifft, denn alles, was aus Europa kam, galt zu jenen Zeiten als schick und luxuriös: italienischer Marmor für die Fassade, schmiedeeiserne Geländer aus England, Fenster aus Muranoglas. Das Dach ist mit Schieferplatten aus Deutschland gedeckt. Die bunte Kuppel besteht aus über

120

zwanzigtausend Kacheln und wurde aus dem Elsaß eingeführt. Nur das Holz für die Parkettböden stammt aus den Tropen – das Parkett als solches wurde allerdings in Europa angefertigt und hier wie ein Puzzle ohne Kleber zusammengesteckt. Der teuerste Bodenbelag der ganzen Welt wurde vor einem Jahr renoviert. In die Reparation investierte man eine zweistellige Millionensumme. Sofort muss ich an die armseligen Bretterhütten auf ihren staksigen Pfeilern am feuchten Flussufer denken.

Ich setzte mich in den Hauptsaal des Theaters. Der hundert Jahre alte Bühnenvorhang wurde in Paris bemalt. Er soll den Zusammenfluss des Rio Negro und des Rio Solimões darstellen, die hier in Manaus zusammentreffen. Das Wasser des Rio Negro ist schwarz, während das des Rio Solimões lehmfarben ist. Die Gewässer beider Ströme sind so gewaltig, dass sie sich erst mehrere Kilometer flussabwärts vermischen. Das schwarze Wasser und das helle Wasser fließen wie durch eine undurchsichtige Hand getrennt nebeneinander den Amazonas hinab. Auf dem Bühnenvorhang wurde dies nicht berücksichtigt. Beide Flüsse sind blau dargestellt. Dieses einzigartige Naturschauspiel war damals in Frankreich nicht bekannt.

Wenn man in dem Saal den Kopf in den Nacken fallen lässt und in die Höhe sieht, hat man das Gefühl direkt unter dem Eiffelturm zu sitzen. Das Deckengewölbe ist geschickt aus der Perspektive des sich unter dem Eifelturm Befindenden bemalt worden. Die Säulen innerhalb des Theaters, die das Deckengewölbe tragen, sind mit den Büsten der Größten aller Schriftsteller verziert. Mitten im Dschungel trifft man auf Goethe, Schiller, Lessing und Shakespeare.

Am Abend schlendere ich erneut zum Hafen von Manaus. Interessiert schaue ich dem hektischen Treiben am Kai zu. Es ist wieder schlagartig dunkel geworden. Plötzlich kommt ein alter Mann auf mich zu. Er stellt sich direkt vor mich. Seine gelben Augen liegen tief in seinen Augenhöhlen, sein Gesicht ist mit zahlreichen Falten und Narben durchzogen. Eindringlich möchte er mich mit einem günstigen Angebot verlocken: Für 40 Reais führe ich dich in die Wälder, flüstert er mit rauer Stimme. Eine unheimliche Begegnung. Erschrocken trete ich einen Schritt zurück. Er scheint mich mit seinem Blick zu durchbohren, als ich verschüchtert ablehne. Komm, ich zeige dir mein Boot. Wir laufen durch den Dschungel. Lieber nicht, antworte ich und laufe stattdessen meinen eigenen Weg. Zügig eile ich davon und bin froh, außer Sichtweite zu kommen.

Dennoch fasziniert mich die Idee, eine Tour durch den Dschungel zu machen. Ich erkundige mich in unserem Hotel nach einer Expedition. Der Hotelier erklärt mir, dass täglich kleinere Schiffe mit Touristen in die Wälder fahren. Man könne die Skipper unten am Hafen ansprechen. Allerdings warnt er davor, sich selbst ansprechen zu lassen. Oft kommt es vor, dass Touristen mit attraktiven Angeboten verlockt werden, einen Ausflug in die Wälder zu unternehmen. Nicht selten werden die arglosen Ausländer im Dschungel überfallen und auf einer Insel ausgesetzt. Es sei sehr gefährlich, sich auf unbekannte Männer einzulassen. Ich erzähle ihm von der Begegnung mit dem unheimlichen Mann am Kai. Der Hotelier erschrickt sich und warnt davor, mit dieser Person in ein Boot zu steigen. Er bietet an, sich selbst nach einer sicheren Expedition zu erkundigen. Ich sage nicht nein, und er telefoniert nur zehn Minuten. Ein Freund von ihm sei bereit, mich morgen für eine Tagestour in den Dschungel zu begleiten. Schnell erklärt er mir, wie ich ihn am Hafen finden kann.

Am nächsten Morgen mache ich mich gleich nach dem Frühstück auf, um zum Hafen zu eilen. Plötzlich beginnt es aus heiterem Himmel zu regnen. Der aufkommende Wind wird in kürzester Zeit zum Sturm. Bevor ich weiß, was los ist, werden Eisenstangen und Beschläge von den Häusern gerissen. Sie fliegen meterweit durch die Luft und beschädigen

122

parkende Autos. Das Wasser in den Straßen steigt knöchelhoch und verschwindet nur langsam in den Gullys. Jeder bringt sich in umstehenden Gebäuden in Sicherheit. Auch ich renne gegen den Wind ankämpfend in die historische Bibliothek, vor der ich gerade stehe. Der Sturm rappelt an allen Fenstern und Wänden. Die Menschen rücken enger zusammen. Aus dem Fenster beobachte ich, wie ein Stromkabel mit einem lauten Knall zerreißt und Funken sprühend zur Erde fallen. Ein Unwetter ist aufgezogen. Eine Stunde sitze ich im Lesesaal fest. Doch plötzlich hört es auf zu stürmen. Es regnet nicht mehr. Genauso schnell wie der Sturm gekommen ist, ist er auch verschwunden. Alles nimmt wieder seinen gewöhnlichen Lauf. Die Menschen gehen auf die Straßen, als wäre nichts passiert.

Mit einem mulmigen Gefühl gehe ich weiter in Richtung Hafen. Dort herrscht totale Verwüstung. Einige der großen Passagierschiffe liegen zerschmettert am Kai. Riesige Wellen müssen sie im Sturm an der Hafenmauer zerquetscht haben. Abgebrochene Holzleisten treiben auf dem Wasser. Menschen tauchen in die Wracks, um noch etwas zu bergen. Ich sehe Kapitäne, die in der letzten Nacht alles verloren haben, was sie besaßen. Sogar schwere Eisenboote der brasilianischen Armee sind gesunken. Schnell finde ich das Boot, mit welchem die Expedition stattfinden soll. Es ist ein kleines Motorkanu. Wie durch ein Wunder ist es unversehrt. Ich möchte mir nicht ausmalen, was passiert wäre, wenn wir mit diesem Boot in den Sturm geraten wären. Einmal mehr wird mir bewusst, dass ich bislang viel Glück gehabt habe.

Dennoch möchte ich mir meinen Ausflug in den Dschungel nicht verderben lassen. Zu sehr habe ich mich darauf gefreut. In der Zwischenzeit ist der Bootsführer eingetroffen. Es kann losgehen. Zunächst steuert das Motorboot mit unserer kleinen Gruppe von vier Abenteuerwilligen eine der schwimmenden Tankstellen an.

Diese sind dem Hafen von Manaus vorgelagert. Es sind große Flöße mit Zapfsäulen, damit anlegende Schiffe tanken können. Das Anlegen an der schwimmenden Insel erweist sich als schwierig, da immer noch hohe Wellen das Manövrieren des Bootes erschweren. Ich klammere mich an meiner Holzplanke fest, auf der ich sitze, sonst würde ich über Bord gehen. Wir tanken voll, es wird eine weite Fahrt. Der Tankwart wirft noch ein paar Wasserflaschen in das Boot, bevor er es loskettet. Eine Flasche wird aufgrund des hohen Wellenganges sofort wieder über Bord geschleudert. Es ist schon jetzt in der Frühe ein brütend heißer Tag, und man braucht jede Menge Flüssigkeit.

Schnell legen wir ab und nehmen Kurs in Richtung encontro das aguas. Hier treffen der Rio Negro und der Rio Solimões zusammen. Anders als auf dem Bühnenvorhang im Amazonastheater fließen der schwarze und der weiße Fluss tatsächlich nebeneinander. Es ist ein beeindruckendes Erlebnis. Dieser Anblick scheint auch die Flussdelphine zu begeistern, denn hier am Zusammenfluss sind sie besonders häufig anzutreffen. Sie springen vor lauter Übermut immer wieder über die Wasseroberfläche. Als bereite es ihnen Spaß: sie sind immer dann verschwunden, wenn man die Kamera schussbereit hält. Unvorhergesehen tauchen sie an anderer Stelle wieder auf. Die Flussdelphine sieht man nur im oberen Bereich des Amazonas. An der 2000 km entfernten Flussmündung sind sie gar nicht anzutreffen. Das verwundert, da die Delphine eigentlich Meerestiere sind und den Fluss hinauf schwimmen müssen. Die Lösung des Problems liegt darin, dass der Amazonas vor Jahrmillionen in den Pazifik und nicht in den Atlantik geflossen ist, also genau in die entgegengesetzte Richtung. Deswegen bewältigt der riesige Fluss auf seiner langen Reise nur einen Höhenunterschied von 85 Meter. Die Delphine wurden sozusagen abgeschnitten und haben sich an das Süßwasser gewöhnt.

Wir folgen dem Rio Solimões. Nach längerer Fahrt

124

auf dem breiten Strom biegen wir in einen seiner vielen, kleinen Nebenarme ab. Dieser teilt sich in verschiedene Unter- und Seitenarme. Bald habe ich die Orientierung verloren. Schnell werden die Flüsschen sehr seicht. Zu dieser Jahreszeit herrscht trotz des Regens extremes Niedrigwasser. Dennoch ist die Gegenströmung erstaunlich stark. Das Motorboot hat Schwierigkeiten voranzukommen. Es schabt immer wieder über den Grund. Der Kanal wird nach einer Weile so eng, dass wir ständig gegen die lehmigen Uferböschungen geschlagen werden. Der Motor quietscht auf, scheint sich gegen die immense Anstrengung zu wehren. Zentimeter für Zentimeter kämpfen wir uns jetzt in den Dschungel vor. Die Sonne brennt auf den Kopf, das Klima wird mit jeder Minute unerträglicher. Der Schweiß läuft den ganzen Körper herunter. Stunden vergehen. Schließlich wird nach einer letzten Kurve die Strömung plötzlich schwächer. Wir erreichen ruhiges Gewässer. Der kleine Nebenfluss hat sich hier zu einem See gestaut. Nun ist auch ein Hausboot zu erkennen, welches wir ansteuern. Ein kleines grüne Floß und ein Inselchen der Zivilisation inmitten des Dschungels. Das Boot ist besetzt und wir werden freundlich begrüßt. Ein paar Indianer bereiten gerade das Mittagessen, und wir haben noch ein wenig Zeit.

Die Pause können wir gut ausnutzen, um uns im kühlen Nass zu erfrischen. Mit einem beherzten Kopfsprung springen wir vom Hausboot in das trübe Braun. Doch statt der erwarteten Erfrischung empfängt uns eine warme Brühe. Das Wasser ist so warm, dass man bereits nach wenigen Schwimmzügen zu schwitzen beginnt. Wenn man taucht, kann man unter Wasser nichts erkennen. Das Wasser ist lehmig und enthält viele Schwebeteilchen. Aber es ist erstaunlich, wie fischreich die Gewässer sind. Beim Baden fliehen die Fische über das Wasser davon. Sie sind kleine, schnelle Flieger. Einige von ihnen springen sogar über den Kopf des Badenden, da sich dort besonders viele Moskitos aufhalten. Ein schwimmender Indianer wird von einem springenden Fisch an der Stirn getroffen.

Wir werden aus dem Wasser gerufen, da die Mahlzeit zubereitet ist. Schnell trocknen wir uns auf den sonnengewärmten Holzbohlen, bevor wir das Hausboot betreten. Zum Mittagessen gibt es frisch gefangenen Fisch aus dem Amazonas. Viele Fischarten sind mir ganz unbekannt, aber fast alle äußerst schmackhaft. Schon der Geruch lässt das Wasser im Mund zusammenfließen. Es gibt auch gebratenen Piranha. Der Kopf ist noch dran, und in seinem offenen Maul erkennt man die scharfen Zähne. Der Indio warnt davor, eine dieser kleinen Rasierklingen zu verschlucken. Piranha schmeckt aufregend, weil es ein außergewöhnliches Essen ist. Als Beilage werden frische Früchte des Waldes gereicht: Orangen, schwarze Bananen, herrliche Ananas und stachlige Früchte, die ich nicht kenne. Natürlich dürfen bei einem brasilianischen Essen viel Reis und braune Bohnen nicht fehlen. Auch Maniokmehl gibt es mal wieder. Das Essen ist so reichlich, dass wir satt und erschöpft in die Hängematten fallen, und eine Mittagspause halten. Noch im Halbschlaf höre ich das Aufklatschen der springenden Fische im Fluss. Ich beginne zu dösen und träume vom Hexenmarkt in Belém, von Goldgräbern, dem Mann mit den gelben Augen am Hafen von Manaus und den untergegangenen Schiffen.

Plötzlich schüttelt mich ein Indio aus dem Schlaf. Er hat ein langes Buschmesser in der Hand und hebt es drohend. Vor Schreck falle ich beinahe aus der Hängematte. Aber er lacht nur freundlich und erklärt in feinem Englisch, dass er der Führer durch den Dschungel sei. Wir möchten doch bitte gleich aufbrechen. Wir steigen in das Motorboot, und sofort geht es weiter. Wir verlassen den See, fahren tiefer in den Dschungel. Die Vegetation wird dichter. Die Flüsse werden zu kleinen Bächlein. Der Indio beobachtet aufmerksam das Ufer, scheint etwas zu suchen. Plötzlich hebt er die Hand und gibt seinem Steuermann ein Zeichen. Dieser nimmt Kurs auf eine winzige, freie Stelle in der ansonsten überwucherten Uferböschung. Auch hier scheint der Wald undurchdringbar zu sein. Doch der Indio schlägt mit seinem meterlangen Buschmesser einen Pfad durch das Unterholz. Nachdem wir die lehmige, glitschige Uferböschung mühsam hochgeklettert sind, lichtet sich der Wald sehr schnell. In Wirklichkeit ist der Dschungel nur am Ufer fast undurchdringbar. Geht man ein paar Meter tiefer in den Wald, so wird er erstaunlich licht. Wahrscheinlich ist er hier unterholzfrei, da kaum Licht zum Boden fällt.

Der Indio führt unsere kleine Truppe. Wir laufen in einer Reihe. Jeder muss sich den Vordermann merken, damit keiner verloren geht. Der Wald sieht überall gleich aus. Nur allzu leicht kann es passieren, dass man nicht mehr zurückfindet, wenn man sich unangekündigt von der Truppe entfernt. Sogar die Pinkelpausen müssen angekündigt werden. Keiner darf sich unbemerkt von den anderen entfernen. Während der Wanderung macht uns der Führer auf Besonderheiten des Waldes aufmerksam. Er sammelt kleine rote Früchte vom Boden auf. Man nennt sie Piranhaaugen. Die Waldbewohner stecken sie in die Augenhöhlen des Piranhas, bevor sie ihn braten. Damit vermeiden sie, dass die Augen durch die Brathitze stumpf werden und ein leuchtendes Rot behalten. Man kann auch ein kleines Loch in die harte Frucht bohren und Schmuck daraus herstellen. Lachend schenkt der Führer jedem ein Piranhaauge. Ein wenig weiter bleiben wir vor winzigen, unscheinbaren Baumpilzen stehen, die auf einem verfaulten Ast auf dem Boden wachsen. Diese Pilzart hat tödliches Gift in sich. Jeder, der nur einen Bissen nimmt, stirbt auf der Stelle. Die einheimischen Indianervölker benutzten den Extrakt dieser Pilze, um ihre Pfeilspitzen darin zu tränken, bevor sie auf die Jagd gehen.

Wir dringen tiefer in den Dschungel ein. Die Bäume werden höher. Die Wipfel sind nicht mehr zu erkennen, doch lassen die Stämme ihre immense Größe erahnen. Der Indio führt uns zu einem der höchsten Bäume im Umkreis. Er hat eine Höhe von fast 50 Metern. Der dicke Stamm teilt sich fünf Meter über dem Boden in dicke Brettwurzeln. Mit Leichtigkeit könnte er eine bequeme Einfamilienwohnung aufnehmen. Um zu begreifen, was es heißt, vor einem solch hohen Baum zu stehen, muss man ihn selbst gesehen haben. Als Winzling staunt man über die unvorstellbare Mächtigkeit der Natur.

Die Indianer benutzen diese Urwaldriesen für ihre Kommunikation. Auf der Jagd können sie sich mit anderen Stammesgenossen verständigen: Wenn man mit der stumpfen Kante des Buschmessers auf den Stamm schlägt, erzeugt man einen dumpfen Schlag, der kilometerweit zu hören ist. Einmal schlagen heißt, die Jagd ist bislang erfolglos gewesen. Wenn man zweimal den dumpfen Ton hört, so bedeutet dies, dass der andere ein Tier erlegt hat. In einer Gefahrensituation schlägt man das Buschmesser dreimal hintereinander auf dem Stamm. Die Jagdgenossen eilen zur Hilfe. Auf diese Weise können auch andere Nachrichten in Windeseile über viele Kilometer getrommelt werden. Dadurch bleiben Indianerstämme untereinander in Kontakt, auch wenn sie sich mehrere Tage und Wochen nicht sehen.

Im tiefen Urwald stoßen wir auf herabhängende Lianen. Sie baumeln meterlang von den Baumkronen in die Tiefe. Hat eine Liane eine bestimmte Stärke, kann man sich tatsächlich mit ihr durch den Dschungel schwingen. Hier in der Mitte des Waldes herrscht ein einziger Kampf um das Überleben der Pflanzen. Die hohen Bäume schirmen einen Großteil des Sonnenlichtes ab, so dass nur wenige Strahlen den Erdboden erreichen. Im Laufe der Evolution haben einige Pflanzen eine außergewöhnliche Technik entwickelt, um dennoch gedeihen zu können. Farne und Orchideen lassen ihre Samen von Vögeln bis ins Geäst fliegen und wachsen direkt auf einem der Äste. Auch die Würgepflanze

128

mit ihren Lianen geht so vor. Mit der Zeit bilden sich lange Luftwurzeln, die immer tiefer wachsen. Sobald die Wurzeln den Boden berühren, gewinnt die Pflanze auf diese Weise Wasser und Nährstoffe. Die Wurzeln werden immer dicker und zahlreicher und umschließen schließlich den gesamten Baum. Da dieser aber selber wächst, schnürt er sich die eigenen Leitgefäße ab – wodurch er langsam stirbt. Die Wurzeln der Würgepflanze sind dann aber bereits so stabil, dass sie einen eigenen Stamm bilden, der im Inneren hohl ist. Auf dem Kronendach der übrigen Bäume kann die Liane sich so gut wie ungestört ausbreiten. Dadurch erreichen diese Pflanzen eine immense Ausdehnung, die bis zu zwei Hektar in Anspruch nehmen kann.

Der Marsch durch den Wald führt zu einem verborgenen See. Er ist von riesigen Seerosen bedeckt. Die Riesenseerose aus dem Amazonas ist wohl die schönste Wasserpflanze der Welt. Wie ein Tablett liegt sie auf dem ruhigen Wasser. Die obere Fläche des tellerrunden Blattes ist grün. Auf dem unteren Teil ist sie purpur rot. Der Durchmesser des Blattes kann bis zu eineinhalb Meter erreichen. Die ganz großen Blätter haben eine Tragfähigkeit von etwa 45 Kilogramm, d.h. ein Kind könnte auf ihnen sitzen ohne unterzugehen. Mit etwas Geschicklichkeit kann man auf ihnen laufen, meint unser Führer. Selber vorführen wollte er es aber nicht. Stets um sechs Uhr morgens oder abends öffnet die Seerose ihre wunderschöne Blüte, die bis zu 30 cm groß wird. Sie leuchtet am ersten Tag in Blütenweiß, wird rosa am zweiten und vergilbt in Violett am dritten Tag. Von ihrer Schönheit und Üppigkeit ist jeder begeistert, denn die Blüte zieht alle Aufmerksamkeit auf sich. Die Indianer haben ihren eigenen Mythos von der Entstehung der Riesenseerose. Der Indio erzählt uns ehrfurchtsvoll eine uralte Legende:

„Die verborgenen Seen im Amazonas sind natürliche Spiegel, in denen sich der eitle Mond Laci gerne betrachtet. Für die cunhãs, die Indianer, ist die Reflexion des Mondlichts auf der Wasseroberfläche eine Inspiration der eigenen Liebe. Nacht für Nacht stehen sie auf den Hügeln und warten auf den Aufgang des Mondes. Sobald das Mondlicht die Wasseroberfläche berührt, werden sie von einem Gefühl der Liebe erfüllt.

Eines Tages stieg eine junge Halbblutindianerin auf den höchsten aller Hügel. Plötzlich überkam sie eine große Sehnsucht und sie wünschte sich nichts lieber als ein Stern zu sein. Als sie vom Hügel herabblickte, sah sie tief unter sich einen großen See. Das Wasser reflektierte die Lichtstrahlen des Mondes. Das Mädchen dachte, der Mond hätte sich zum Baden in das Wasser gelegt. Sie war überzeugt, dass sich ihr Wunsch nur erfüllen würde, wenn sie den Mond berührte. Vor lauter Sehnsucht rannte sie den Hügel hinab und stürzte sich in das Wasser. Sie dachte schon, sie hätte den Mond mit ihren Händen umfasst. Doch sie versank und verschwand in den Tiefen des Sees.

Der Mond Laci war gerührt und betroffen von dem Unglück der schönen Jungfrau. Er war sehr traurig, dass er den Wunsch des Mädchens nicht erfüllen konnte. Kein Mensch kann jemals ein Stern am Himmel werden. Doch um sie zu trösten, verwandelte der Mond das Mädchen in einen Wasserstern. Die Schönheit und der Duft der Seerose sollten unverwechselbar sein."

130

Es ist später Nachmittag geworden, und wir müssen zurück zu unserem Boot. Wir kämpfen uns tapfer durch das Unterholz, bis wir es erreichen. Erschöpft setze ich mich auf das schmale Holzbrett und bin froh zurückzufahren. Der Indio will gleich den Motor anwerfen. Doch dieser heult nur auf, stottert und würgt sich ab. Der Indio zieht erneut die Startleine, vergeblich. Der Motor bleibt still. Der Bootsführer flucht leise und probiert es erneut. Doch er bleibt erfolglos. Die Flüche werden lauter, doch es nützt alles nichts. Plötzlich wird es ganz still. Erst langsam werde ich mir der Lage bewusst. Der Motor ist kaputt, wir sitzen mitten im Dschungel ohne Funkgerät oder Handy, um Hilfe zu holen. Rufen ist aussichtslos, denn hier hält sich weit und breit keine Menschenseele auf, die uns hätte hören können. Nicht einmal Ruder sind an Bord, um paddeln zu können. Jedem von uns steht Ratlosigkeit auf der Stirn.

Das Klima ist unerträglich schwül, heiß und feucht. Es müsste jetzt um die 40 Grad warm sein. Ich trinke von meinem Wasservorrat. Das Wasser ist warm geworden. Die Moskitos kommen zu Scharen und versuchen Blut zu saugen. Im Minutentakt kann man sie totschlagen. Der Indio läuft in den Wald zurück. Fehlt nur noch, dass er dreimal gegen einen Baum schlägt. Aber er kommt mit einem langen dicken Ast zurück. Damit müssen wir zurück. Im Boot stehend stößt er mit dem morschen Ast auf Grund und kann so das Boot Zentimeter um Zentimeter gegen die Strömung voranbringen. Quälend langsam geht es voran. Es wird Stunden dauern, bis wir wieder am Hausfloß sind. Wir wechseln uns ab. Das Abstoßen vom Grund des Flusses mit dem Ast ist anstrengend. Jedes Mal bleibt der Ast tief im Schlamm stecken und muss mit Mühe wieder herausgezogen werden. Während einer das Boot mit dem Ast vom Grund abstößt, ziehen die anderen an Wurzeln der Uferpflanzen oder versuchen, im nassen Lehm Halt zu finden. Die Strömung des kleinen Flusses wird immer stärker. Oft fallen wir um mehrere

131

mühsam erkämpfte Meter zurück. Aber aufgeben darf und will keiner von uns. Der Indio springt ins Wasser und zieht das Boot an einer Leine hinter sich her. Ein gefährliches Vorhaben. Das Wasser reicht ihm bis zur Brust. Immer wieder rutscht er aus und einige Male wird er von der Strömung erfasst. Zweimal müssen wir ihn blitzschnell aus dem Wasser ziehen, sonst wäre er unter das Boot gespült worden. Es wird dunkler, immer mehr Moskitos scheinen es auf uns abgesehen zu haben. Nach endlosen Stunden ist das Licht vom Bootshaus zu sehen, man hat schon Kerzen angezündet. Ein Motorboot kommt uns entgegen und zieht uns die letzten Meter. Erschöpft, aber erleichtert klettern wir auf das Floß. Noch nie hat kühles Wasser so gut geschmeckt.

Der Indio ist trotzdem besorgt. Wir können heute nicht mehr nach Manaus zurück. Es sei zu gefährlich, im Dunkeln durch die Wälder zurückzufahren. Der Weg sei zu lang. Auf Grund des Motorschadens haben wir zuviel Zeit verloren. Es bleibt nichts anderes übrig, als hier im Hausboot zu übernachten. Hängematten sind genug vorhanden. Ich habe keine Wahl und stelle mich darauf ein, mitten im Dschungel auf einem Floß zu übernachten. Doch ich bin zu erschöpft, um mir Sorgen zu machen, und will mich nur noch ausruhen. Am besten kann man sich beim Angeln ausruhen, meint der Indio und zeigt uns lachend seine Angelrute. Warum nicht? Ich betrachte mir das kleine Kunstwerk. Sie ist mit einfachsten Mitteln gebaut. Ein langes, dünnes und biegsames Schilfrohr bildet die Rute. An einem Ende ist die Schnur in einer kleinen Kerbe befestigt. Ein kleiner Haken aus Stahl ist der einzige Hinweis auf die weit entfernte Zivilisation. Als Köder wird roher Fisch aufgespießt.

Wir fahren rund fünfzig Meter flussaufwärts. Um die Piranhas anzulocken, reicht es aus, mit der Rute mehrmals kräftig auf die Wasseroberfläche zu schlagen, wodurch das Wasser aufgewühlt wird. Der Piranha vermutet einen Kampf zwischen zwei Artgenossen und schwimmt sofort herbei, um ebenfalls einen Bissen abzubekommen. Und tatsächlich beißt nach kurzer Zeit ein Piranha an. Wir fischen mehrere der gefräßigen Fische. Sie sollen heute Abend zum Festmahl werden. Später fange ich einen anderen Fisch. Als ich ihn in die Hand nehmen will, um ihn vom Haken zu lösen, warnt mich der Indio, ich solle ihn nicht berühren. Er sei sehr giftig. Mit aller Vorsicht entfernt er den Fisch vom Haken und wirft ihn zurück ins Wasser. Glück gehabt.

Der Fang ist gut, wir haben einige kleine Piranhas aus dem Fluss gezogen. Und das an einer Stelle, an der wir am Vormittag seelenruhig gebadet haben. Doch die Piranhas sind in diesen fischreichen Gewässern absolut harmlos. Niemals würden sie einen Menschen angreifen, da ausreichend kleine Fische eine leichtere Beute darstellen. Die Piranhas sind längst nicht so gefährlich, wie ihnen ihr Ruf vorauseilt. Erst in Seen, in denen alle übrigen Fische verzehrt wurden, steigert sich der Piranha zu brutaler Aggressivität. Dann frisst er alles, was sich bewegt. Der Indio verrät mir, dass er, wenn er im Dschungel einen See überqueren muss, immer erst ein gefangenes Tier hineinwirft. Wenn das Tier nicht mehr an die Wasseroberfläche kommt, um Luft zu schnappen, so kann er davon ausgehen, dass es ein Rudel Piranhas gefressen hat. Ein Umweg wird dann gerne in Kauf genommen.

Inzwischen ist es stockdunkel geworden. Ein wolkenloser Himmel zeigt seine Sternenpracht von der allerschönsten Seite. Keine Lichter einer Großstadt stören dieses Glück. Vom Boot aus betrachte ich den Himmel. Fast keines der Sternbilder habe ich zuvor gesehen. Die Geräusche des Waldes werden lauter, vor allem das Zirpen der Grillen und Käfer und das Quaken der Frösche. Ab und zu hört man auch mal ein Wimmern. Das sind die Fische, meint der Indio.

Eine Dusche gibt es auf dem Hausboot natürlich nicht, und so springe ich noch einmal in den Fluss. Das Wasser hat sich im Verlauf des Tages noch stärker erwärmt. Ich tauche ein paar Mal unter. In der Nacht ist die Luft voller

Moskitos. Über meinem Kopf bildet sich eine schwarze Traube tausender dieser blutsaugenden Ungeziefer. Ich muss unter die Wasseroberfläche, um nicht ständig gestochen zu werden. Aber man ist nicht alleine im Wasser. Ständig springen die Fische. Man sieht ihre Schatten davon flitzen. Ich schwimme zurück zum Hausboot. Etwas müde steige ich aus dem Wasser. Es hat sich eine Ölschicht auf der Haut gebildet. Ich kann mich mit meinem feuchten Handtuch nicht mehr trocken rubbeln. Auch die Kleidung ist feucht. Sie wird nicht mehr trocken.

Der Indio leuchtet mit seiner Taschenlampe das Ufer rund um das Hausboot ab. Überall wird das Licht in den Augen unzählbarer Krokodile reflektiert. Das ganze Floß ist von diesen Untieren umgeben. Krokodile, Alligatoren, Kaimane, wo sich die Wissenschaftler streiten, mache ich vor Ort keinen Unterschied. Fest steht, dass ich eine Minute zuvor noch im Wasser gebadet habe. Und jetzt läuft es mir kalt den Rücken hinunter, wenn ich in die orange leuchtenden Augen der hungrigen Echsen blicke. „Wollen wir sie fangen?", flüstert der Indio. Ich denke, er macht einen schlechten Scherz, werde aber eines Besseres belehrt, als er Anstalten macht, das Boot los zu tauen. Weder Gewehr noch Lanze scheint er für seine Jagd zu gebrauchen. Mit einem Seufzer lasse ich mich auf das Abenteuer ein.

Vorsichtig taucht der Indio die Ruder ein. Wir gleiten völlig lautlos über das pechschwarze Wasser. Der Indio legt sich vorne flach auf den Bug. Die Taschenlampe hat er im Mund und leuchtet das Ufer ab. Beide Hände liegen ruhig neben ihm auf den Holzplanken. Mit dem schwachen Lichtkegel hat er ein leuchtendes Auge avisiert und steuert langsam darauf zu. Nur noch wenige Meter. Das Krokodil bewegt sich nicht einen Zentimeter. Ich halte den Atem an. Doch bevor wir es erreichen, taucht es lautlos unter. Es ist einfach weg und könnte überall wieder erscheinen.

Der Indio leuchtet das Ufer erneut ab, sucht nach

134

einem anderen reflektierenden Auge. Auf der gegenüberliegenden Seite entdecken wir eins. Wieder gleitet das Boot langsam über das Wasser. Der Fluss ist jetzt spiegelglatt. Nicht eine Welle plätschert am Boot. Der Wald scheint den Atem anzuhalten. Der Indio legt sich wieder flach auf den Bug, nur der Kopf ragt wie eine Galionsfigur über die Schilfblätter. Nur noch einen halben Meter. Selbst das Boot scheint sich jetzt nicht mehr zu bewegen. Nervenaufreibende Stille. Dann greift der Indio blitzschnell zu. Das Wasser schäumt auf und spritzt in alle Richtungen. Das Krokodil schlägt mit dem Schwanz und wehrt sich mit allen Kräften, doch der Indio reißt es aus dem Wasser. Seinem Element entzogen, stellt sich das Untier tot. Wie ein Stück Holz liegt es über den Armen des Indios. Er sichert es mit einem festen Griff an der Kehle. Der grünschwarze Panzer schimmert in dem fahlen Licht der Lampe. Das Maul steht ein wenig offen, gefährlich zeigt das kleine Ungeheuer seine Zähne. Eigentlich ist es ganz leicht es zu fangen. Man muss nur die richtige Stelle erwischen, nämlich den Nacken. Die Augen des Indios verengen sich zu Schlitzen. Zu weit am Rücken gefasst verletzt man sich an den scharfen Schuppen. Zu weit oben greift man in die abstehenden Zähne. Wenn ich an der falschen Stelle zupacke, habe ich genau eine Sekunde, um meine Hand wieder wegzuziehen, erklärt er aufgeregt.

Das gefangene Tier ist ein vier Jahre alter Kaiman. Er würde keine Menschen angreifen, nur zu seiner eigenen Verteidigung. „Wir essen sie auch nicht", fügt er hinzu. „Sie sind uns heilig, deswegen setzen wir ihn auch wieder zurück ins Wasser." Dabei muss darauf geachtet werden, das Krokodil genau an die Stelle zurückzulegen, wo man es gefangen hat, denn Krokodile können unter Wasser nur etwa einen halben Meter sehen – im Gegensatz zu über Wasser, wo ihre Sehkraft mit der eines Menschen vergleichbar ist. Das ist auch der Grund, dass man, wenn man von einem Krokodil im Wasser angegriffen wird, einfach untertauchen soll, und nicht

135

schwimmend, sondern tauchend das rettende Ufer anstreben sollte. Ich halte das für ein Gerücht. Krokodile fangen sich doch Fische, die viel schneller schwimmen können. Auf jeden Fall setzen wir respektvoll das Krokodil wieder an die richtige Stelle. Ansonsten könnte es aus Angst nach den Eltern fiepen, und, wenn diese in Begleitung ihrer Freunde auftauchen, sollte man sich auf dem schnellsten Weg in die Flucht begeben. In einem etwas rascheren Tempo paddeln wir zurück zum Hausboot.

Durch diesen Adrenalinschub ist es unmöglich geworden, sich schlafen zu legen. Wir unterhalten uns im Kerzenschein. Das laute Quaken stammt von Fröschen, meint der Indio. Sie graben sich Löcher in den Boden, bis zu einem halben Meter tief. Die Frösche sind eine Delikatesse. In der Balzzeit kann man sie leicht aufspüren. Bei der Jagd muss man einfach das Quaken imitieren. Dann antwortet der Frosch aus seinem Loch. Nun muss man nur noch den Lauten nachgehen und sie aus ihren Verstecken holen. Bevor man jedoch in das Loch fasst, um den Leckerbissen herauszuholen, sollte man sich vergewissern, ob auch keine Schlange darin sitzt. Diese suchen nämlich ebenfalls nach ihrer Leibspeise. Wenn man also nicht aufpasst, greift man direkt in eine Schlangengrube.

Plötzlich klopft es an der Tür. Wer kann das denn sein? So spät und zu dieser Uhrzeit auf einem Hausboot? Ein Freund des Indios tritt ein. Er wird herzlich begrüßt. Es sei Zeit, Speerfischen zu gehen. Er fragt, ob wir ihn dabei begleiten möchten. Trotz vorgerückter Stunde sind wir begeistert. Wieder wird das Boot bestiegen, diesmal ein Indianerkanu ohne Motor. Der Freund schiebt einen langen Speer unter die Sitzbänke. Es ist nun finsterste Nacht. Langsam gleitet das Kanu über den stillen See. Kein Laut ist mehr zu hören. Wir sind auf der Suche nach einer ganz bestimmte Fischart, die wie die Krokodile reflektierende Augen haben. Mit der Lampe versucht der Indio, die Fische unter Wasser auszumachen. Meistens halten sie sich in Ufernähe unter abgebrochenen Ästen oder im Wurzelgeflecht auf. Im schwachen Schein der Lampe kann man unter Wasser die roten Punkte der Fischaugen entdecken.

Es ist aufregend, den Indio zu beobachten, wie er einen solchen Fisch mit dem Dreizack avisiert. In einer Hand hält er den erhobenen Speer, in der anderen das Ruder, mit welchem er sich lautlos vom Grund abstößt. Auf einem Bein kniend versucht er, im wackligen Kanu Halt zu finden, während ihm die Taschenlampe im Mund ausreichend Licht spendet. Es scheint wesentlich schwieriger zu sein, einen Fisch mit dem Speer aufzuspießen, als ein Krokodil mit der Hand zu fangen. Immer wieder bricht der Indio seine Pirsch ab, wenn der scheue Fisch blitzschnell unter Seerosen und Algen verschwindet, um Schutz zu suchen.

Doch dann gelingt dem Indianer ein Volltreffer. Die Lanze trifft den Fisch mit voller Wucht in die Seite. Die Zacken durchbohren ihn, er ist hoffnungslos an den Widerhaken aufgespießt. Mit einem wuchtigen Schwung reißt der Indio den Fisch aus dem Wasser ins Boot. Der zappelt wild, aber er kann sich von dem Dreizack nicht befreien. Es scheint ein Karpfen zu sein, denn ihm hängen zwei lange Fühler vom Maul. Doch der Fisch ist dem Indio nicht groß genug. Er wirft den mühevoll gefangenen Burschen zurück ins Wasser und macht sich erneut auf die Suche.

Es ist ein Geduldsspiel. Eine Weile später sticht der Indio wieder blitzschnell mit seinem Speer zu. Plötzlich springt direkt neben dem Kanu ein Riesenfisch aus dem Wasser. Mit weit aufgerissenen Augen und offenem Maul schaut er mir direkt in die Augen. Dann fällt er mit einem lauten Klatschen wieder zurück. Der Speer wird mitgerissen. Doch der Indio lässt ihn nicht los. Er springt dem Fisch in den Fluss hinterher und sticht mehrfach mit der Lanze zu. Vom Kampf ist das Wasser aufgewühlt – doch vergebens – der Fisch ist entkommen. Er hinterlässt nur eine daumengroße Schuppe am total verbogenen Dreizack.

Der Indio ist enttäuscht und spuckt ins Wasser. Ich schätze den Fisch auf einen halben Meter. Der Indio entgegnet, er sei mindestens 70 Zentimeter groß gewesen. Erst gestern habe er einen riesigen Karpfen mit dem Speer erlegt. Seine Familie hatte sich richtig satt essen können. Erschöpft drehen wir bei und fahren nun endgültig zum Hausboot zurück. Ich spanne mir meine Hängematte auf. Doch schlafen kann ich nicht. Erst spät in der Nacht nicke ich beim Quaken der Frösche, Zirpen der Grillen und Wimmern der Fische ein. Es ist eine unruhige Nacht.

Das Abenteuer in der grünen Hölle sollte aber noch nicht zu Ende sein. Nach einem reichhaltigen Frühstück mit frischen Eiern und geröstetem Brot können wir mit dem Boot, welches inzwischen einen neuen Motor hat, Kurs auf Manaus nehmen. Wir erreichen nach langer Fahrt unversehrt den Hafen von Manaus, und ich besteige wieder Festland. In der Innenstadt möchte ich ein wenig Geld abheben und meine weitere Reiseroute planen. Vor der Abfahrt in das Amazonasgebiet hat man mir geraten, eine Mischung aus etwas Bargeld und eine Kreditkarte mitzunehmen. Das sei die beste finanzielle Absicherung. Sogar hier im Dschungel kann man ohne weiteres in jedem Lebensmittelgeschäft mit Karte bezahlen. Ausgenommen sind davon leider sämtliche Schifffahrtsgesellschaften, die auf dem Amazonas verkehren. Diese nehmen nur Bargeld an.

In Manaus stellt sich heraus, dass sämtliche Bankinstitute die Herausgabe von Bargeld verweigern. Ursache ist ein vor zwei Monaten begangener Kreditkartenbetrug. Ich habe nur noch wenige Reais in der Tasche. Viel zu wenig. Damit komme ich auf einem Hängemattenplatz im Schiff höchstens bis zur Hälfte des Weges aus dem Dschungel zurück, also bis Santarém. Nicht aber bis zur Amazonasmündung, geschweige denn bis Palmas. Mir bleibt die Hoffnung, dass ich in Santarém per Karte zu

138

Bargeld kommen kann, um eine Fahrkarte kaufen zu können, die mich von Santarém nach Belém bringt und damit aus dem Urwald heraus. Es bleibt mir nichts anderes übrig, als mich mit einem günstigen Hängemattenplatz und einer halben Rückfahrkarte nach Santarém zu begnügen. Mit meinem letzten Geld kaufe ich eine stabile billige Hängematte. Unter Deck spanne ich sie irgendwo in der Mitte des Schiffes auf, froh, in dem Gedränge überhaupt einen Platz gefunden zu haben.

Auf dieser Rückfahrt bekomme ich zu spüren, was es heißt, mehrere Tage lang keinen Schlaf zu finden. Es liegt nicht daran, dass ich mein Gepäck unter meiner Matte ständig im Auge behalten muss – zumal es schon andere neugierig begutachtet haben – und auch nicht daran, dass ich mit angezogenen Schuhen schlafen muss, da diese sonst Flügel bekämen. Es liegt daran, dass ich in einem Hängemattenurwald liege. Das ganze Schiff im Unterdeck ist kreuz und quer mit den Liegematten zugehängt. Nicht ein einziger Zentimeter ist noch frei. Ich liege im Abschnitt mit der höchsten Dichte, nämlich sieben Hängematten auf einem Meter. Die Matten sind unterschiedlich hoch aufgehängt und ein wenig versetzt befestigt. Gerade deswegen ist es aber unmöglich, Ruhe zu finden. Bewegt sich einer im Schlaf, bewegen sich dreißig Hängematten mit. Es war schon schwierig, sich den Weg durch den Urwald zu bahnen, aber dieses Dickicht an hängenden Matten und das am Boden sich auftürmende Gepäck aus Taschen, Tüten, Vogelkäfigen, Fernsehern, Schuhen und was-sonst-noch-alles – zwischen dem sich auch noch Hühner um die letzten Brotkrümel zanken – übertrifft das dichteste Unterholz. Und das alles ohne Machete. Hinzu kommt, dass ich unter einer Lampe liege, die als Notbeleuchtung die ganze Nacht über Licht spendet. Unzählbare Schaben aus der Umgebung sirren und summen um diese Lampe herum und fallen schließlich erschöpft in meine Matte und auf mein Gesicht. Jeden

139

Morgen schaufele ich händeweise krabbelnde und zerquetschte Käfer aus meiner Matte und schüttele sie mir aus der Hose. Es sind so viele, dass sie mit Besen über Bord gefegt werden müssen.

Schließlich erreicht der Dampfer Santarém. Auf dem Hinweg war mir dieser Ort wegen des dichten Regens nicht zugänglich gewesen. Doch nun bei Tageslicht und Sonnenschein mache ich einen entspannenden Rundgang durch das kleine Zentrum. Es ist ein gemütliches Dörflein, das keineswegs ein verschollenes Dschungeldasein fristet. Direkt am Kai haben sich viele Kneipen angesiedelt, die ihre Tische mit bunten Schirmen gegen die gnadenlose Glut der Sonne schützen. Von hier hat man einen wunderschönen Panoramablick über den weiten Amazonas. Der Blick lädt zum Verweilen ein, um die zahlreichen Schiffe auf dem Amazonas und das bunte Treiben am Hafen zu beobachten. Die Innenstadt von Santarém ist belebt. Viele Menschen sind auf den Straßen. Es gibt eine Vielzahl renommierter Geschäfte, und man hat keine Schwierigkeiten, eine Bank zu finden. Doch zu meinem großen Erschrecken ist es an keiner Bank möglich, an Bargeld zu kommen. Auch in ganz Santarém wird in den Banken wegen des Kreditkartenbetruges kein Bargeld auf Karte ausgegeben. Ich bin entsetzt. Insgesamt verfüge ich nur noch über 2,20 Reais in meiner Hosentasche. Nirgendwo ist an Bargeld zu kommen. Dafür stehe ich mit meinen jungen Portugiesischkenntnissen immer noch mitten im Urwald.

Beunruhigt kehre ich zum Hafen zurück. Dort bringe ich in Erfahrung, dass erst am nächsten Tag ein Schiff nach Belém fährt. Sofort suche ich die Schifffahrtsgesellschaft auf, die morgen zurück zur Amazonasmündung fährt. Ich schildere dem Angestellten am Schalter mein Problem und behaupte, dass ich mit der Kreditkarte in Belém nachzahlen kann. Die Antwort ist ein schlichtes não. Aber ich lasse nicht locker, denn ich sehe nur diese einzige Möglichkeit, der grünen Hölle zu entfliehen. Nach zähem Hin und Her, gibt der Angestellte der Hartnäckigkeit nach und sagt, er wolle mit dem Kapitän reden. Ich solle morgen wiederkommen. Mir bleibt nichts anderes übrig, als mich in einen der billigen Hotels am Hafen einzuquartieren, wo ich noch mit Karte bezahlen kann. Beruhigt durch einen kleinen Hoffnungsschimmer, falle ich erschöpft in ein richtiges Bett.

Am nächsten Morgen kehre ich nervös in aller Frühe zum Schalter am Hafen zurück, um in Erfahrung zu bringen, ob der Kapitän mit meinem Vorschlag einverstanden ist. Der Angestellte am Schalter ist aber nicht mehr da. Ich gehe auf das Schiff, um selber mit dem Schiffsführer zu sprechen. Ein Matrose geleitet mich nach einigem Zögern bis in seine Kabine. Dort schildere ich dem Kapitän mein Problem. Der Kapitän antwortet, dass er mich ohne die Zustimmung der Schifffahrtsgesellschaft nicht mitnehmen könne. Mir bleibt nur noch wenig Zeit bis zum Ablegen. Ich gehe zurück zum Schalter und treffe zum Glück auf einen Angestellten. Diesen bitte ich, den Kapitän von meinem Problem zu überzeugen. Zusammen mit dem Vertreter der Schifffahrtsgesellschaft suche ich erneut den Kapitän auf dem Schiff auf. Doch wieder weigert er sich standhaft, mich mitzunehmen. Der Angestellte der Schifffahrtsgesellschaft zuckt mit den Schultern und verschwindet. Meine letzte Hoffnung habe ich fast aufgegeben.

In der Verzweiflung kommt mir der Gedanke, dass man vielleicht gerade mit dem weiterkommt, was ich nicht habe. Ich frage den Kapitän, ob er für einen finanziellen Extrabonus darauf verzichten kann, mich ohne Zustimmung der Gesellschaft mitzunehmen. Das heißt im Klartext, dass er sich das Geld der Fahrkarte und den Bonus als Taschengeld einstecken kann, ohne dass die Gesellschaft etwas mitbekommt. Das Geld will ich in Belém abheben und ihm bar in die Hand geben. Dieser Verlockung hält er missmutig nicht stand. Es ist zwar Bestechung, aber auch ein Notfall, der sie rechtfertigt. Trotz meines Versprechens muss ich zu seiner Sicherheit, mein ganzes Gepäck abgeben und ihm obendrein meinen Reisepass aushändigen. Aber ich bin mit allen Bedingungen einverstanden. Was soll ich auch machen? Außerdem hält der Kapitän es für angebracht, mir mitzuteilen, dass ich das Schiff unterwegs nicht verlassen darf. Wortlos nicke ich. Insgeheim denke ich mir, wie er wohl darauf gekommen ist, dass ich flüchten könnte. Mein einziger Wunsch ist, dem Urwald zu entkommen. Erleichtert spanne ich unter Deck meine Hängematte auf. Bis nach Belém werde ich darin bleiben. Wenigsten muss ich nicht auf mein Gepäck aufpassen. Die restlichen Tage der Überfahrt nutze ich, um meine Tagebuchnotizen zu vervollständigen.

Kurz vor Ankunft in Belém kommt die Kapitänsfrau auf mich zu. Sie stellt mir einen Matrosen an die Seite. Schon allein der Anblick des Mannes ist furchteinflößend – ein Bär von Kerl, über zwei Meter groß, Oberarmen mit riesigen Muskelpaketen. Es ist mir klar, dass dieser Schrank mich bis zur Bank und zurück begleiten wird, und ich hoffe, dass die Banken wenigstens noch dieses eine Mal Bargeld auszahlen. Zusammen mit dem Seebären verlasse ich das Schiff. Das Gepäck und mein Reisepass hat der Kapitän zurückbehalten. Bis wir eine Bank finden, vergehen Ewigkeiten. Doch zum Glück nimmt der Automat die Karte an, und ich komme endlich zu dem lang ersehnten Bargeld. Zurück auf dem Schiff tausche ich die versprochene Summe gegen die Herausgabe meines Gepäcks. Ich prüfe, ob es unversehrt ist. Es scheint nicht geöffnet worden zu sein.

Dann laufe ich so schnell wie ich kann zum Busbahnhof. Dort kaufe ich sofort eine Fahrkarte nach Palmas. Ich beruhige mich erst, als ich erschöpft im klimatisierten Bus sitze und meine Augen schließe. Der Bus setzt sich in Bewegung. Der Schlaf überwältigt mich. Die letzten 1000 km zurück nach Palmas sind ein Kinderspiel…

142

Capoeira und Karneval

Der Kult findet in dem unterirdischen Gewölbe des ehemaligen Sklavenkellers in Salvador im Staat Bahia statt, wo ich ein paar Tage in einem Franziskanerkloster übernachte. Dumpfe Schläge der Holztrommeln schallen von den dicken Steinwänden zurück. Die Trommeln sind mit Fell überzogen und dröhnen monoton im Hintergrund. Dazu mischen sich das hohes Sirren eines Musikbogens und das Scheppern einer Schelle. Das Geräusch betäubt die Ohren. Mehrere Männer stehen in weißen Hosen im Kreis. Sie spannen die Muskeln ihrer fettigen Oberkörper an und lockern sich auf. Schweiß läuft vom Rücken und der Brust herunter und tropft auf den Holzboden. Dabei singen sie abwechselnd, um ihre afrobrasilianischen Götter zu preisen. Die Luft ist feucht, heiß und stickig.

Plötzlich springen mehrere Männer in die Runde. Paarweise stellen sie in knallbunten Kostümen verschiedene Gottheiten vor. Manche von ihnen sind nur mit einem Kordelschurz bekleidet. Bei ihrem Tanz schwenken sie flache Feuerschalen. Die Flammen und Funken steigen hoch und werfen lange Schatten an die Gewölbedecke. Dann treten zwei Männer mit nacktem Oberkörper in den Kreis. Sie beginnen sofort zu kämpfen. Gegenseitig verteilen sie sich Schläge und Tritte, denen der jeweils andere blitzschnell ausweicht. Haarscharf wirbeln die Beine über den Kopf des Gegners. Nur wenige Zentimeter stoppen die Tritte vor dem Gegner. Der Takt der Bongotrommel und die Bewegungen werden immer schneller. Gezielten Schlägen folgen hektische Ausweichmanöver. Sie werden mit riskanten Rückwärtssaltos in der Luft pariert. Die Rollen sind perfekt aufeinander abgestimmt, damit niemand verletzt wird.

Der vorgeführte Kampf nennt sich capoeira. Jede

Bewegung hat ihren Sinn. Entstanden ist der Tanz aus der gewaltlosen Selbstverteidigung der Sklaven. Capoeira verbindet die afrikanische Tradition mit der Religion der Einheimischen. Dadurch konnten die uralten Gewohnheiten Jahrhunderte überdauern. Inzwischen gibt es in Brasilien viele verschiedene Religionen: Hier leben Katholiken, Protestanten, christliche Afrikaner, Muslime und Indianer friedlich miteinander, aber auch einige neue Religionen aus Nordamerika sind hinzugekommen. Capoeira in Salvador ist ein einmaliges Erlebnis, tief in die brasilianische Kultur einzutauchen.

Salvador ist die bunte Hauptstadt Bahias. Die Stadt liegt knapp 1000 km westlich von Palmas an der Atlantikküste. Nach kurzer Erholung von der strapaziösen Tour in das Amazonasgebiet nehme ich eine zweite weite Reise auf mich, um einen Einblick in das kulturelle Zentrum Brasiliens zu bekommen. In Salvador wird nicht nur Capoeira getanzt. Zurzeit findet wie jedes Jahr der Karneval statt. Farbenfreudige Kostüme, schlanke feurige Brasilianerinnen, die ihre hübschen Körper zu heißen Sambarhythmen tanzen lassen. Jedes Jahr zieht die Attraktion Millionen Menschen aus allen Teilen der Welt an, um zusammen am Fest der Feste teilzuhaben. Dann herrscht nicht nur im südlichen Rio de Janeiro ein Ausnahmezustand, sondern auch hier oben im Nordosten.

In der Hauptstadt von Bahia herrscht hektische Betriebsamkeit. Schon Monate zuvor wurde in den Straßen für das große Fest geprobt. Zwischen den wunderschönen Kolonialbauten in den schmalen Gassen des Stadtteils Pelourinho stehen überall kleine Gruppen Afrikaner und trommeln wild und laut ihre monotonen Rhythmen. Dazu singen sie aus voller Kehle die alten Lieder ihrer versklavten Vorfahren. Die energischen Schläge durchdringen den ganzen Körper. Mit jedem Tag, an dem der Karneval näher rückt, scheinen die Trommeln schneller und schneller zu wirbeln.

Die Trommler sind mit geschlossenen Augen ganz in ihrem Element versunken. Ihre langen zotteligen Haare sind nur notdürftig durch ein besticktes Stirnband gebändigt. Sie wirbeln wild durch die Luft.

Wilder wird es nur noch auf dem Karneval selbst. 2 Millionen Besucher sind dieses Jahr mit dem Motto carnaval da paz nach Salvador gekommen. Die Straßen sind randvoll mit Menschen. In dem dichten Gedränge ist kaum Platz zum Stehen. Dicht an dicht werden die großen Musikwagen mit ihren wattstarken Boxen verfolgt. Die riesigen Lkws scheinen im aufgebrausten Menschenmeer zu schwimmen. Oben auf den bunt geschmückten Lkws stehen Sambatänzerinnen und wiegen ihre schlanken Figuren zum schnellen Takt. Sie haben herrliche Kostüme. Eine junge Tänzerin trägt ein hautenges dunkelblaues Kostüm mit zahllosen silbernen Knöpfen, die im Schein der Laternen wie unzählige kleine Sterne aufblitzen. An ihrem Rücken sind bunte Pfauenfedern befestigt, die in allen Farben schimmern. Auf einem eigenen Wagen stehen die Filhos de Gandhy. Der ganze Wagen ist im Rauch vernebelt, was einen mystischen Eindruck erweckt. Darauf folgen die Bragaboys in ihren knallroten Hosen, die choreografisches Talent beweisen und den beliebten Song Bomba vorführen. Die Menge ist begeistert, sie klatscht, ruft und singt mit. Luftballons steigen auf. Es ist ein Megaereignis. Die ganze Stadt ist ausgelassen, und es wird bis spät in den Morgen getanzt.

Der Karneval in Brasilien hat aber nicht nur schöne Seiten. In den letzten Jahren kamen immer wieder zahlreiche Menschen gewaltsam zu Tode. So starben in Rio de Janeiro in einem Jahr insgesamt 114 Menschen. Die meisten wurden ermordet. Besonders gefährlich ist es für Touristen. Doch Salvador blieb zum Glück in diesem Jahr von solchen schrecklichen Ereignissen verschont.

Brasilianische Polizei

Ich beobachte ihn genau. Der Polizist steht hinter einer Häuserecke und beargwöhnt die Autos, die auf der Parkbucht vor der Metzgerei kurz anhalten, wenn die Fahrer ihre eiligen Geschäfte und Einkäufe erledigen. Keiner von ihnen würde länger als fünf Minuten parken. Dennoch ist es nur mit Parkscheibe erlaubt. So zeigt es das Schild an. Kaum betritt der gehetzte Falschparker nichts ahnend das Geschäft, erledigt der pflichtbewusste Polizist seinen Dienst. Er stellt fest, dass die Parkscheibe fehlt. Grund genug, das Nummernschild in seinen Handcomputer einzugeben und ein Ordnungsgeld zu verhängen. Eine Ordnungswidrigkeit kann man natürlich nur in Deutschland begehen. In Brasilien wäre diese Szene undenkbar. Schmunzelnd denke ich an die policìa militar in Palmas zurück, die es mit ihrer Pflicht zum Teil bei weitem nicht so genau nimmt.

Vor allem im Straßenverkehr nehmen sich die Polizisten erstaunliche Freiheiten. Der Verkehr in Brasilien hat seine eigenen Regeln. In unserem Stadtviertel gibt es zu Beginn meines Einsatzes noch keine Straßenschilder. Erst viel später hat man sie aus politisch motivierten Gründen kurz vor dem Wahlkampf aufgestellt. Ohne Schilder gilt gewöhnlich rechts vor links, also der von rechts kommende Autofahrer hat stets Vorfahrt vor dem anderen. Diese Regel sollte man in Brasilien nicht anwenden, da es zu Missverständnissen führen kann. Nichts ahnend bremse ich ab, als von rechts ein Auto in meine Straße einbiegen möchte. Dieser bringt sein Auto ebenfalls zum Stehen. Der Fahrer kurbelt erstaunt sein Fenster herunter, da er denkt, ich wolle ihn etwas fragen. Als ich ihm sage, dass er doch Vorfahrt habe, antwortet er, ich sei doch auf der längeren Straße, womit die Vorfahrt bei mir läge. Die Vorfahrt richtet sich also nach der Länge der Straße, auf der man sich gerade befindet, und somit nach dem Gefühl. Je länger und gerader die Straße ist, auf der man unterwegs ist, um so eher hat man Vorfahrt vor der kleineren einmündenden Straße. Das muss man erst einmal wissen.

In der Stadt ist das Ganze noch ein wenig komplizierter. Normalerweise bedeutet das Rotlicht einer Ampel, dass die Durchfahrt verboten ist. In Brasilien ist das nicht immer so. Trotz rotem Licht ist es üblich, die Ampel zu passieren, wenn man keinen Verkehr sichtet, der einen behindern könnte. Eine rote Ampel ist also eher als Empfehlung anzusehen. Natürlich sollte man sich bei der Durchfahrt nicht von der Polizei erwischen lassen. Das erste Mal halte ich pflichtbewusst vor einer roten Ampel. Ich ärgere mich ein wenig, da – außer hinter mir – weit und breit kein Auto zu sehen ist. Mein Handeln erzeugt sofort großes Ärgernis bei meinen Hinterleuten. Laut hupend fordern sie mich auf, über Rot zu fahren. Da ich der Aufforderung nicht nachkomme, weil ich zunächst gar nicht begreife, dass mir das Hupkonzert gilt, überholen mich die anderen Autofahrer an allen Seiten, wohl überzeugt davon, ich hätte eine Panne.

Zuweilen ist das Fahrverhalten der brasilianischen Polizei in höchstem Maße erstaunlich. Eines Tages habe ich eine Polizeistreife vor mir. Wir nähern uns einer Ampel, die auf Rot schaltet. Der Wagen der Polizei fährt in Seelenruhe über die rote Ampel, biegt ab, ohne zu blinken. Ich zögere eine Sekunde, ob ich seinem Beispiel folge, besinne mich aber eines Besseren und bleibe stehen.

Ein anderes Mal überholt mich eine Polizeistreife mit überhöhter Geschwindigkeit auf der rechten Seite. Wäre es nicht die Polizei, so hätte ich sicherlich mit einem Hupen mein Erstaunen zum Ausdruck gebracht. Bei einem empörten Seitenblick fällt mir noch auf, dass keiner der drei Polizisten einen Anschnallgurt angelegt hat. Sie selbst gucken aber hinüber, ob ich angeschnallt bin. Fahren ohne Anschnallgurt wird mit einem hohen Bußgeld bestraft.

In Presidente Kennedy, einem kleinen Dörflein

nördlich von Palmas, gipfelt die Passivität der Polizei in Fahrlässigkeit. Ich stehe vor einer Diskothek in dem ansonsten verschlafenen Dorfzentrum. Feste und Diskotheken werden immer von Polizisten überwacht. Es ist häufig mit Ausschreitungen zu rechnen, da viel Alkohol und Drogen konsumiert werden. Es ist schon spät, fast Mitternacht. Die angeheiterten Gäste verlassen laut grölend das Tanzlokal. Die Polizisten schauen seelenruhig zu, wie ein Betrunkener aus der Disko torkelt und mit seinem Motorrad in Schlangenlinien davon saust. Er fährt direkt an dem Polizeiwagen vorbei. Ich sehe, wie die Polizisten kopfschüttelnd hinterher blicken, sich jedoch nicht die Mühe machen, ihn zu verfolgen. Vielleicht wäre ihnen sogar das Motorrad davongefahren, denn der Polizeiwagen ist so uralt, dass man Mühe hat, ihn überhaupt zum Fahren zu bringen. Das Geld fehlt, um die Polizei entsprechend auszurüsten.

Nach diesem Ereignis bin ich auch nicht mehr verwundert, als ein paar Tage später ein Polizist an der Haustür zum Konvent in Palmas unseren Wächter fragt, ob dieser ihm nicht seine Pistole ausleihen könne. Er wolle etwas erledigen. Unser Wächter fragt ihn, wieso er denn die Pistole dazu benötige. Der Polizist weicht der Antwort aus und antwortet, er wolle sie in einer halben Stunde zurückbringen. Was will ein unbekannter Mann mit einer Pistole für eine halbe Stunde? Unser Wächter hat ihm seine Pistole zum Glück nicht ausgeliehen.

Ich frage die Personen in meinem Bekanntenkreis, was sie denn von der Polizei halten. Die Antworten, die ich bekomme, sind in jeder Hinsicht erschreckend: „Jeder kann hier Polizist werden. Darunter sind auch Banditen. Sie sind bestechlich. Auf sie kann man sich nicht verlassen. Wenn dir etwas passiert, dann ruf bloß nicht die Polizei. Es kann sein, dass es dann nur noch schlimmer wird."

Der Überfall auf den kleinen Supermarkt in unserem Stadtviertel scheint dies zu bestätigen. Während der

Mittagspause gehen die Räuber mit einer erschreckenden Frechheit vor. Sie rufen den Inhaber des Geschäftes an, dass sie in einer Stunde den Laden überfallen wollen. Er solle schon einmal das Geld zum Abholen bereit legen. Wenn er die Polizei rufe, so drohen sie, sie werden später noch einmal wieder kommen und ihn umbringen. Und in der Tat dringen sie eine Stunde später in den Supermarkt ein und stehlen das gesamte Geld aus der Kasse. Später unterhalte ich mich mit dem Inhaber des kleinen Supermarkts. Er ist mit den Nerven am Ende: „Das ist jetzt schon das-wer-weiss-wie-ofte-Mal, dass ich überfallen werde. Das Geld sehe ich nie wieder. Ich kann nichts dagegen unternehmen, die Polizei erst recht nicht. Ich bin glücklich, dass ich mein Leben habe." Kurze Zeit später hat er sein Geschäft wieder eröffnet.

Natürlich muss ich das Ganze relativieren. Ich bin überzeugt davon, dass die meisten Polizisten in Brasilien pflichtbewusst ihre Arbeit verrichten. Die Gesamtheit der brasilianischen Polizei soll nicht in Misskredit geraten. Die obigen Fälle passierten just während meines Aufenthalts.

Streik

Ausgerechnet während der letzten Monate platzt eine Zeitbombe. Die Militärpolizei streikt. In Palmas befinden wir uns im Herzen der Revolte. Es entwickelt sich eine äußerst gefährliche Situation, die jederzeit eskalieren kann, denn die Polizisten sind schwer bewaffnet. Die Gründe des Streiks der Militärpolizei sind vielfältig. Ein Faktor liegt aber klar auf der Hand: Wie so oft in Brasilien sind es die finanziellen Ungerechtigkeiten, die Missgunst und Neid heraufbeschwören. In Brasilien gibt es drei Arten der Polizei: policìa civil (Zivilpolizei), policìa militar (Militärpolizei) und policìa federal (Bundespolizei). Aufgrund seiner Ausbildung bekommt der Bundespolizist im Monat stolze 4000 Reais, während die übrige Polizei nur mit 600 Reais im Monat entlohnt wird, was weder zum Leben und noch zum Sterben reicht. Diese Ungerechtigkeit bringt die Zivil- und Militärpolizei zur Raserei.

Mit Gewehren und Pistolen verbarrikadiert sich die Militärpolizei in ihren Polizeiquartieren in Palmas. Sie droht den Gouverneur umzubringen, wenn er die Löhne nicht erhöht. Dieser lehnt eine Lohnerhöhung strikt ab. Stattdessen verhängt er einen Ausnahmezustand und fordert militärische Hilfe aus Brasília an. Die Banken und Schulen werden aus Angst vor Überfällen geschlossen, denn niemand ist nunmehr zuständig, sie zu bewachen. An der Schule in unserem Stadtviertel hängt ein großes Blatt mit folgender Aufschrift:

> *Information*
>
> *Die SESI (Serviço Social da Indústria) verkündet an alle Schüler und Lehrer, dass alle täglichen Aktivitäten, einschließlich des Unterrichts, solange ausgesetzt werden, bis das Militär in den Wirren des Streiks der Militärpolizei unsere Sicherheit garantieren kann. Die Wiederaufnahme des Unterrichts hängt von der Beruhigung der Militärpolizei ab.*

In der ganzen Stadt herrscht große Verwirrung. Die Militärpolizei droht weiterhin mit Gewalt. Sie meint es ernst und lässt sich durch Verhandlungen nicht umstimmen. Plötzlich treffen stündlich Transportflugzeuge vom Militär in Palmas ein. Die Soldaten kommen aus Brasília, São Paulo und Rio de Janeiro. Der Flughafen wird mit Stacheldraht und Wachposten hermetisch abgeriegelt. Zivilflüge sind nur noch beschränkt zugelassen. Der Gouverneur richtet sich mit folgender Botschaft (Comunicado, Governo do Estado do Tocantins, Palácio Araguaia) an das Volk:

> *„Mit der Ankunft der Bundestruppen, die der Gouverneur auf Grund der Notwendigkeit und Dringlichkeit angefordert hat, ist die Militärpolizei des Staates Tocantins unter ständiger Kontrolle der Militärstreitkräfte. (...) Die Präsenz des brasilianischen Militärs ist in diesem Moment (…) unumgänglich, (…) um das emotionale Klima zu unterbinden, welches die Anwesenheit von schlechten Politikern in den Kasernen provoziert hat. (...) Das Generalkommando der Militärpolizei hat am Morgen des 28. Mai 2001 das Versprechen des brasilianischen Militärs empfangen, (…) dass die Militärpolizisten, welche nicht in die Illegalität verwickelt wurden, den normalen Polizeidienst weiter ausführen dürfen. Mit diesen Mitteln hält der Gouverneur des Staates an dem Vorschlag fest, das Volk zu beruhigen (…). "*

Doch die Lage beruhigt sich nicht. In der Stadt werden Straßensperren errichtet. Das Militär gräbt sich in die Straßen ein und verschanzt sich hinter Sandsäcken. Maschinengewehre werden strategisch an wichtigen Kreiseln formiert. Die Hauptstraßen werden mit Stacheldraht und Panzersperren blockiert. Autos, die passieren wollen, werden kontrolliert. Verdächtige Personen werden sofort festgenommen. Mit diesen Mitteln versucht das Militär, die Militärpolizei zu entwaffnen.

Die Polizisten leisten heftigen Widerstand. Täglich kommt es zu Schießereien und Verhaftungen. Nach drei Tagen Streik gibt es fünf Tote. Panzer rollen durch Palmas, um eine Eskalation zu vermeiden. Zum Glück finden in unserem Stadtviertel, obwohl es zum Zentrum der Stadt gehört, keine Militäraktionen statt. Dennoch wird in der Nachbarschaft ein Junge erschossen aufgefunden. Er hatte eine Kugel im Kopf und lag einen Tag lang tot in der brütenden Hitze. Ein grauenhafter Anblick. Ob das mit dem Streik zusammenhängt, kann zunächst nicht geklärt werden. Wir haben ihn begraben. Später stellte sich heraus, dass der Junge bei einem Einbruchsversuch vom Eigentümer des Hauses erwischt und sofort getötet wurde. Er hat ihn in der Hitze einfach liegen gelassen und gewartet, bis man ihn findet.

In der vierten Nacht der Auseinandersetzungen kann ich nicht schlafen. Ich stehe mit unserem Nachtwächter Reginaldo am Fenster und lausche in die dunkle Nacht. Er füllt sein Gewehrmagazin mit neuen Patronen. Die Grillen zirpen und ein heißer Luftzug weht durch das offene Fenster. Der alte Ventilator rattert mühsam vor sich hin. Die Nerven sind sehr angespannt. Trotzdem fühle ich mich in seiner Nähe sicher.

Plötzlich knallt es in unmittelbarer Nähe des Hauses. Ein Riesenkrach betäubt meine Ohren. Ein Lichtblitz erhellt für einen kurzen Moment den dunklen Platz vor dem Haus. Instinktiv springe ich vom Fenster weg und stolpere auf den

152

Boden. Ich höre, wie kleine Steinchen gegen das Dach prasseln. Was war das? Eine Bombe? Erschrocken richte ich mich wieder auf. Reginaldo schaut durch das Fenster und sieht mehrere Gestalten an dem kleinen Sandsportplatz, wo ich mit den Kindern von Janela para o Mundo immer Ball spiele. Das war keine Bombe, flüstert er, das waren Jungs, die einen selbstgebauten Sprengsatz gezündet haben. Er lächelt nervös. Da kann man ja wirklich beruhigt sein, denke ich für mich. In der Nacht schlafe ich kaum. Auch die nächsten Tage werden zur Zerreißprobe der Nerven. Immer wieder werden Menschen auf offener Straße erschossen. Viele Polizisten werden bis nach Hause verfolgt und festgenommen. Ich gehe die nächsten Tage nicht aus dem Haus.

Schließlich werden die besetzten Polizeistationen vom brasilianischen Militär umzingelt. Die Militärpolizei schießt mit ihren Gewehren von den Türmen der Stationen. Dennoch werden die Polizisten nach tagelanger Belagerung zur Aufgabe gezwungen. Das Bild eines Polizisten, der ein weißes Unterhemd an einer Stange hin und her schwenkt, kommt Tags darauf auf die Titelseite der Stadtzeitung. Die Stadt atmet auf. Der gewaltsame Konflikt ist beendet. Doch der Hass, der durch die ungerechte Lohnverteilung geschürt wird, bleibt weiterhin bestehen.

Dengue-Fieber

Die Folgen der Auseinandersetzung kann ich nicht mitverfolgen. Am fünften Tag des Streiks bricht bei mir Dengue-Fieber aus. Diese Krankheit ist die härteste Probe, auf die ich während meiner Zeit in Brasilien gestellt werde.

Es beginnt mitten in der Nacht. Ich wache auf, weil mir plötzlich eiskalt ist. Ich wickele mich in das dünne Bettlaken, aber es hilft kaum. Eine dickere Decke habe ich nicht, wieso auch, sie ist in den warmen Nächten nicht zu gebrauchen. Einen Pullover habe ich gar nicht erst mit nach Brasilien genommen. Ich versuche, mich ein wenig warm zu rubbeln, doch es fehlt an Kraft. Es wird immer kälter. Schüttelfrost setzt ein. Um 6.30 Uhr versuche ich, mich aufzuraffen. Ich bin so schwach, dass ich nicht einmal das Zittern meiner eigenen Beine sehen kann. Mir wird schwarz vor Augen. Wie ein Blinder ertaste ich den Weg in das Bad. Alles dreht sich. Noch im Gehen muss ich mich übergeben und falle auf den Boden.

Ich weiß nicht wie lange ich auf den Steinfliesen gelegen habe. Eine Schwester läuft ein Stockwerk tiefer auf dem Gang auf und ab, doch ich bin zu matt, um irgendetwas zu rufen. Es gelingt mir nicht einmal, mit dem Fuß gegen den Metallschrank zu schlagen, um auf mich aufmerksam zu machen. Erst viel später finden sie mich. Sie dachten, ich hätte verschlafen.

Arbeiter vom Bau tragen mich nach unten in ein Bett. Es wird Fieber gemessen. Die Temperatur ist viel zu hoch. Sofort werden Ärzte gerufen. Mir wird so übel, dass ich im Liegen aus dem Bett breche. Nach und nach setzen höllische Schmerzen im Rücken ein, die immer stärker werden. Es ist ein Gefühl, als wollten sich die Muskeln vom Körper reißen. Jede Bewegung wird zur Qual. Wieder wird mir schwarz vor

Augen und ich breche total zusammen.

Später wache ich auf. Draußen ist es dunkel geworden. Vor Schmerzen kann ich mich nicht ein kleinstes Stückchen bewegen. Ich spüre, dass ich in meinem eigenen Schweiß liege. Kleidung und Bettwäsche sind pitschnass. Trotz Moskitonetzes werde ich immer wieder von Mücken gestochen. Doch wehren kann ich mich nicht. Aus den Augenwinkeln nehme ich wahr, dass ich am Tropf liege. Dreimal täglich kommen Ärzte, um mich zu untersuchen. Die Diagnose steht schnell fest. Es ist Dengue-Fieber.

Wie viele Spritzen ich bekomme, weiß ich nicht mehr. Doch verlange ich immer mehr. Das Schmerzmittel betäubt ein wenig. Ich habe keinen Hunger mehr. Die Schwestern umsorgen mich so gut es geht. Sie tun alles Menschenmögliche. Die Schmerzen wollen nicht aufhören. Der Gang zur Toilette wird so gut wie unmöglich. Immer wieder kommen Schwindelanfälle, und ich erbreche in das Klo. Mein Urin ist blutrot. Plötzlich habe einen wahnsinnigen Durst und kann ihn unter dem Wasserhahn im Bad nicht löschen. Wie tot falle ich in das Bett zurück. Immer wieder kommen Ärzte: Spritzen, Infusionen, neue Medikamente. Draußen wird es hell und dunkel.

Es werden verschiedene Antibiotika ausprobiert. Das dritte hilft. Nun wird es von Tag zu Tag besser. Die Blutwerte werden positiver. Trotz fortschreitender Besserung bekomme ich immer noch Spritzen und Medikamente. Mit der Zeit kann ich mich wieder aufrichten. So langsam kommt auch der Appetit zurück. Ich frage, wie lange ich im Bett gelegen habe. Eine Woche. Schließlich wird ein letztes Mal Blut abgenommen, um es im Krankenhaus untersuchen zu lassen. Doch die Ergebnisse am folgenden Tag sind erschreckend. Die Auswertung ergibt, dass ich mich mit irgendeiner Krankheit infiziert habe. Was es ist, können die Ärzte nicht sagen. Aber es steht fest, dass sie durch eine der letzten Spritze übertragen worden sein muss. Sie vermuten eine dreckige Spritze, wahrscheinlich eine, die zuvor bei einem anderen Patienten benutzt wurde. Ich bin so erschrocken, dass ich keinen einzigen Nadelstich mehr vornehmen lasse. Die Einstichstelle schwillt enorm an.

Trotz der knallroten Beule am unteren Rücken beginnen die Reha-Übungen. Es ist, als müssten mir die Ärzte das Laufen neu beibringen. Nach drei Wochen Training kann ich immer noch nicht laufen, ohne zu hinken. Doch dann wird es immer besser, bis ich schließlich wieder ganz normal laufen kann. Danach beginnen weitere vier quälende Monate zwischen Hoffen und Bangen, bis ich in Deutschland die entsprechenden Gesundheitschecks auf HIV vornehmen lassen kann und sich zu meiner großen Erleichterung herausstellt, dass ich trotz dreckiger Spritze kerngesund bin. Glück gehabt.

Das Dengue-Fieber ist eine Tropenkrankheit. Der Virus wird durch eine Stechmücke der Gattung Aëdes von Mensch zu Mensch übertragen. Die Krankheit kommt in den Tropen, aber auch in gemäßigten Klimazonen vor. Typische Krankheitsbilder des Dengue-Fiebers sind starke Fieberschübe und Muskelschmerzen. Es gibt verschiedene Arten des Dengue-Fiebers, wobei ich die harmloseste Version erwischte. Der schwerste Verlauf ist lebensgefährlich. Er führt zu hämorrhagischem Fieber, das zu Blutgeringungsstörungen und schließlich zu Kreislaufversagen führt.

Das Sekretariat für Gesundheit des Landes Rio de Janeiro hat in den Monaten Januar und Februar 2002 rund 13.000 Dengue-Fieber-Fälle registriert, wobei alleine innerhalb Rios sechs Fälle tödlich verliefen. Inzwischen läuft in ganz Brasilien eine Kampagne, die auf die Gefahren des Dengue-Fiebers aufmerksam macht. Den Kranken werden die notwendigen Medikamente kostenlos überlassen. Im staatlichen Fernsehen laufen Aufklärungssendungen, die die Menschen anhalten, die Lagerung von Wasser unter freiem Himmel zu vermeiden. Denn dies begünstigt die Vermehrung der Dengue-Stechmücken. Die Mücke legt ihre Eier in abgestandenes Wasser, welches sich durch Regen in alten Schüsseln, Dosen oder Pfützen sammelt. Trocknet die Pfütze aus, können die Eier noch lange in der Trockenheit überleben. Die Larven schlüpfen, sobald sich wieder Wasser in der Pfütze ansammelt.

Schule – pures Chaos

Nach den erschöpfenden Wochen bin ich wieder fit und kann mich der Arbeit zuwenden. Es eröffnet sich alsbald die Möglichkeit, ein paar Freunde in meinem Alter aus unserem Viertel in die staatlichen Schulen zu begleiten. Dort lassen sich gravierende Unterschiede zum deutschen Schulsystem feststellen. Innerhalb einer Klasse ist der Altersunterschied zwischen den Schülern häufig sehr hoch. Hier sitzen 15-jährige Schüler zusammen mit ihren Klassenkameraden, die bereits 21 Jahren alt sind. Das scheint aber keinen zu stören. Vielmehr ist es völlig normal.

Auffallend ist das wilde Durcheinander an dem Gymnasium. Es gibt keine Sitzordnung, weil Tische fehlen und die Schüler auf vergrößerten Armlehnen schreiben müssen. In den Räumen ist es so heiß, dass sich die Schüler unter die drei Ventilatoren an der Decke setzen, die trotz ihrer langsamen Umdrehungen für ein wenig Kühlung sorgen. Fenster und Klassentüren stehen weit auf, in der Hoffnung auf einen Luftzug durch den stickigen Raum. Durch die offenen Fenster und Türen dringt der Lärm von außen in die Klassenräume. Es herrscht ein einziges Geschrei auf den Gängen und in den Klassenräumen. Alle Schüler reden miteinander, auch während des Unterrichts. So kann man, wenn man von außen an der Schule vorbeigeht, nicht erkennen, ob gerade Unterricht oder Pause ist.

Häufig herrscht allgemeines Desinteresse, was den Unterrichtsstoff betrifft. Den Lehrern fehlt jegliche Autorität über die Schüler, die im Grunde machen, was sie wollen. So meint ein Schüler, er müsse Wasser trinken und verlässt unter diesem Vorwand alle fünf Minuten den Raum, um mit ein paar hübschen jungen Brasilianerinnen aus der Nachbarklasse anzubändeln. Ein anderer Schüler wird an die Tafel gerufen, um eine Physikaufgabe zu lösen. Stattdessen vollführt er einen

158

Capoeira, den afrikanischen Kampftanz. Die Tritte und Schläge des Schülers stoppen nur wenige Zentimeter vor dem Gesicht und Bauch des Lehrers. Dieser scheint von der Kampfeinlage unbeeindruckt und lässt alles regungslos mit sich geschehen. Unter tobendem Applaus seiner Mitschüler setzt sich der Schüler auf seinen Platz, ohne die Aufgabe an der Tafel angeschaut zu haben. An einem anderen Tag steht eine wichtige Klausur an. Alle Schüler sind sich einig, dass sie keine Lust haben, die Arbeit zu schreiben, und wollen dem Lehrer sagen, dass sie sich weigern. Dieser bekommt das hintenherum mit und lässt die Klausur ausfallen, um dem Konflikt mit den Schülern zu entgehen.

Im Sportunterricht gehen wir auf die Straße. Einen Sportplatz oder gar eine Sporthalle hat die Schule nicht. Die Lehrerin schlägt einen 100-Meter-Lauf vor und markiert mit einem Stein einen roten Strich auf den Boden. Es ist wieder ein brütend heißer Tag. So heiß, dass die Luft über dem glühenden Asphalt flimmert. Die Schüler murren. Es ist eine wahnwitzige Idee, bei diesen Temperaturen zu rennen. Die Klasse begibt sich in den kühlen Schatten einer nahe stehenden Mauer. Nach langem Flehen und dem Drohen schlechter Noten finden sich fünf von 25 Schülern bereit, sich an die Startlinie zu begeben. Auf Händeschlag der Lehrerin rennen sie im Dauerlauf bis zum nächsten Stromkabelmast. Schweißüberströmt kommen sie zurück. Einer ist gestürzt und blutet. Die Schüler entscheiden, lieber in die schattigen Räume der Schule zurückzukehren.

In der Pause unterhalte ich mich mit einer Schülerin. Sie beklagt sich, dass immer wieder so viele Stunden ausfallen und keine Ersatzlehrer den Unterricht leiten wollen. Manche Lehrer seien fies zu ihr gewesen. Gestern sei sie von einem als dummer Esel bezeichnet worden. Andererseits sind die Schüler auch nicht besser. So klagt eine Lehrerin auf einem Elternabend, dass sie von einem ihrer Schüler immer wieder beleidigt werde. Einmal habe einer laut zu einem anderen

Klassenkameraden gerufen: „Ach, was will die Schwarze uns denn erzählen!" Auch von anderen Schulen höre sie Ähnliches.

Jedoch habe ich in Palmas nur vier verschiedene Schulen besucht. Diese unterscheiden sich kaum voneinander. Ob in ganz Brasilien solche Verhältnisse herrschen, kann ich nicht berichten. Leider vermute ich das schon. Andererseits ist es so, dass die brasilianischen Kinder froh sind, wenn sie in die Schule gehen dürfen, um etwas zu lernen, was ich immer wieder bei meinen eigenen Schützlingen feststelle. Viele haben auch nicht die Möglichkeit, eine volle Schulausbildung zu erhalten, da sie schon in jungen Jahren den Eltern beim Arbeiten helfen müssen, um das nötigste Geld zum Leben zu verdienen.

Wunderheilerin

Alle kennen sie. Es gibt keinen, der noch nicht bei ihr gewesen ist, um sie um Rat zu fragen. Jeder wird verlegen, wenn man ihn auf sie anspricht. Trotz des schnell aufgesetzten gekünstelten Lächelns verraten alle Augen große Ehrfurcht vor dieser Wunderheilerin, die im Viertel liebevoll auch nur avó – Großmutter – genannt wird. Nur heimlich spricht man über ihre wundersamen Heilungen. Jeder vertraut ihr, und ist der Arzt zu teuer oder ratlos, kommt man zu ihr.

Ich besuche die eindrucksvolle Dame, die alle kennen, aber über die nicht gesprochen wird. Sie wohnt in einer der kleinen unverputzten Ziegelhäuser am Stadtrand. Etwas nervös stehe ich vor der verstaubten Hütte. Weil das Haus keine Klingel hat, klatsche ich ein paar Mal in die Hände. Sofort wird die Tür geöffnet. Eine kleine, alte Frau mit furchtbar vielen Runzeln im Gesicht öffnet die Tür. Ihr Alter ist kaum zu schätzen. Auf der Schulter trägt sie einen grünen Papagei. Herzlich werde ich begrüßt und in die kleine Stube gebeten.

Natürlich könne ich bei der Behandlung des nächsten Patienten dabei sein. Dieser lässt nicht lange auf sich warten. Er klagt über chronische Rückenschmerzen. Zunächst muss sich der Mann fast vollständig entkleiden. Die Untersuchung beginnt mystisch. Die Alte betrachtet den Rücken lange. Dabei schlägt sie immer wieder Kreuzzeichen und murmelt Gebete vor sich her. Hin und wieder berührt sie ganz leicht die Haut des Patienten oder drückt mit grünen Palmenzweigen immer wieder an bestimmten Stellen. Ununterbrochen wedelt sie mit den Ästen in der Luft, als wolle sie böse Geister aus dem Körper jagen. Die monotonen Gebete wirken auf eigenartige Weise beruhigend. Plötzlich hält sie inne. Mit einem Holzlineal beginnt sie den Körper zu

161

vermessen und vergleicht die Armlänge mit der Schulterbreite. Durch diese Berechnung scheint sie genau zu wissen, wo der Schmerz sitzt. Zum Schluss ihrer Diagnose verschreibt sie als Medikament verschiedene Tees. Aus einer Schublade holt sie eine kleine Schachtel mit winzigen braunen Pillen. Jeden Tag eine, nicht mehr.

Nach der Untersuchung unterhalte ich mich mit der weisen Frau, während sie ihren schnatternden Papagei auf der Schulter mit kleinen Weißbrotstückchen füttert. Auch ich möchte ein paar wertvolle Tipps erhalten. Und tatsächlich kann ich ihr zwei Geheimnisse entlocken. Gegen Fußpilz hilft frisch gezapftes Altöl aus dem Auto. Am besten ist es, wenn man die Füße mehrmals täglich dick mit der schwarzen Creme einschmiert. Gegen Kopfschmerzen soll man sich einmal stündlich mit dem Mittelfingerknöchel auf den Hinterkopf schlagen. Solange, bis er weg ist.

Die Einheimischen kommen in Scharen zu ihr. Denn sie hat stets ein Mittel bereit. Oft führen ihre Heilkünste zur vollständigen Genesung. Davon ist hier jeder überzeugt. Entlohnt wird avó nicht in Geld. Sie bekommt Lebensmittel wie Reis, Mehl oder Eier als Gegenleistung für ihre Heilungen. Für ihre wertvollen Hinweise gebe ich ihr einen Sack mit frisch gemahlenem Kaffee. Sie ist entzückt.

Bau der Kirche

An das heiße Klima habe ich mich in überraschender Weise gut gewöhnt. Die Temperaturen liegen täglich zwischen 35° und 40° C im Schatten. Dies bereitet viel weniger Schwierigkeiten als zu Anfang des Einsatzes. Im Gegenteil, ich kann sogar sagen, dass ich mich nunmehr pudelwohl in der Hitze fühle. Der Maximalwert, den wir an einem sehr heißen Tag auf dem Bau gemessen haben, lag bei 50,2° C.

Nach dem Ende der Regenzeit geht es mit dem Kirchbau zügig weiter. Bauingenieur Bruno, der pensionierte Maurer- und Betonbaumeister aus Deutschland, übernimmt die Verantwortung. Bruno kommt jedes Jahr nach dem Regen nach Palmas. Er hat bereits mehrere Kirchen und soziale Einrichtungen in Brasilien unentgeltlich erbaut. Diesmal soll es eine besonders schöne Kirche in Palmas werden. Durch seine Wohltätigkeiten und Großzügigkeit ist er in unserem Stadtviertel bekannt und wird herzlich von alten Freunden und den Schwestern empfangen. Sogar der Bischof kommt anlässlich seines Arbeitsaufenthalts, um ihn willkommen zu heißen.

Eine schwierige Aufgabe ist es, zusammen mit dem einheimischen Bautrupp das Stahlbetonskelett der Kirche bis zur nächsten Regenzeit fertigzustellen. Anschließend muss das Dach den Bau abschließen, damit der kommende Regen das Gebäude nicht beschädigt. Im letzten Jahr wurde bereits das Fundament der Kirche gelegt. Für die Bauarbeiten werden etwa 20 Arbeiter eingestellt, die alle Kräfte mobilisieren müssen. Mit Anleitung von Bruno werde ich in die verschiedenen am Bau anfallenden Tätigkeiten eingewiesen.

Unter den extremen Klimabedingungen werden die ersten Säulen der Kirche betoniert. Die Arbeiten finden in der prallen Sonne statt. Jeder schützt sich so gut es geht mit langer Hose und Mütze vor der intensiven Sonneneinstrahlung. Jede einzelne Säule ist ein Kunstwerk. In Brasilien werden sie noch mit der Hand erbaut: Zunächst wird berechnet, welche Höhe und welche Dicke die viereckigen Säulen an der jeweiligen Stelle haben. Dann werden aus dem Holzhaufen die passenden Bretter herausgesucht. Sie werden einzeln auf die richtige Länge gesägt und mühevoll mit Verbindungslatten zusammengenagelt. Daraufhin müssen sie auf den Zentimeter genau positioniert werden, bevor der Holzrahmen mit Baumstämmen abgestützt werden kann. Dies ist wegen des hohen Gewichts der Holzkonstruktion ein schwieriges Unterfangen. Damit der Rahmen für die Säule nicht gesprengt wird, wenn die Betonmassen von oben hineingeschüttet werden, wird er mit zusätzlichen Eisenklammern verstärkt, die extra für diesen Zweck per Post aus Deutschland eingeflogen wurden.

Steht der Rahmen an seiner Stelle, muss Beton gemischt werden. Auch das ist ein gemeinsamer Job. Nach dem Herbeischaffen von Sand und Steinen in Schubkarren, werden die Massen in der Maschine gemischt. Im Zweierteam können bis zu zehn Tonnen und zu dritt sogar bis zu fünfzehn Tonnen Beton an einem Tag angefertigt werden. Der Beton wird mit Schubkarren zu den Holzverschalungen gekarrt und zuletzt immer nur noch eimerweise hineingeschüttet. Stundenlang werden die schweren Eimer an das Säulenende gehoben. Das ist wahre Knochenarbeit. Die Arbeiter sind bereits um 10 Uhr morgens derart erschöpft, dass sie ihr erstes Glas caipirinha trinken müssen.

Die Stahlgerüste für die Säulen und Querbalken mit bis zu 500 kg Eigengewicht werden mit Seilen, Flaschenzug und vereinten Kräften in luftige Höhen gezogen. Um überhaupt in solchen Höhen zu arbeiten, werden abenteuerliche Holz- und Stahlgerüste konstruiert, auf die die Arbeiter mit Schlappen und ohne Helm klettern können. Jeder einzelne Ziegelstein wird mit einem Holzstock nach oben gereicht oder schlicht geworfen. Die Brasilianer arbeiten unermüdlich.

Einmal die Woche muss neuer Zement bestellt werden. Äußerst beeindruckend sind die Zementsackträger, die die Säcke von dem Lkw in unseren Lagerraum schleppen. Ein Zementsack wiegt das Doppelte wie in Deutschland, nämlich 50 kg statt 25 kg. In der Regel trägt ein Träger einen Sack auf seinem Kopf. Unter Zeitdruck kann ein Träger, der bereits einen dieser schweren Säcke auf seinem Kopf balanciert, einen zweiten Sack, der auf dem Boden liegt, mit einem eleganten Schwung auf seinen Kopf werfen. Dann laufen die Träger scheinbar mühelos den Weg mit 100 kg auf dem Kopf. Bei Verspätung wird sogar noch ein dritter Sack von einem anderen Helfer, der auf der Ladefläche des Lkws steht, von oben auf die zwei Säcke aufgelegt. Dann können die Träger mit der 150 kg Last über Treppen zum Lagerort eilen.

Auf meine scherzhafte Frage an einen der Träger, ob er denn auch vier Säcke tragen könne, antwortet er mir ernsthaft, dass er daran arbeite. Noch sei er nicht so weit, aber bald habe sein Hals die erforderlichen Muskeln. Weiter meint er, dass man bei dieser Schwerstarbeit täglich bis zu 20 Liter Wasser trinken müsse. Darum klagt er, es sei unmenschlich, dass aus Energiespargründen der Kühlschrank bei der Auslieferungsstelle abgeschaltet worden ist. Folglich gebe es dort nur noch warmes Wasser zu trinken. Bei uns auf dem Bau ist das Gott sei Dank anders.

Der Bau der Kirche kommt gut voran. Der größte Teil der Kirche steht. In wenigen Wochen stehen auch die Hauptsäulen und es geht in die zweite und dritte Etage. Schon bald kann man die Umrisse der werdenden Kirche erkennen. Das Besondere an der Konstruktion ist, dass oben im Kirchturm unter der Glocke ein riesiger Wasserspeicher eingebaut wird. Damit versucht man, das ständige Wasserdruckproblem in den Griff zu bekommen.

Gottesdienst

Zum Schluss möchte ich ein paar Worte zum Gottesdienst in Brasilien sagen. In den Städten trifft man sich in Kirchen, doch auf dem Land, wo vielerorts das Geld fehlt, um eine eigene Kirche zu erbauen, trifft man sich in strohbedeckten Notgebäuden, Kellern, auf freiem Feld oder in einem kleinen Kreis einfach zu Hause im Wohnzimmer. In unserem Viertel wird an der Kirche gebaut. Für den Gottesdienst steht bis zu ihrer Fertigstellung der unverputzte Saal im Keller des Gemeindezentrums zur Verfügung. In dem Rohbau finden zweimal in der Woche rund hundert Gemeindemitglieder auf den selbstgezimmerten Kirchenbänken Platz. Wer Glück hat, erheischt einen der begehrten weißen Plastikgartenstühle (keine Liegen), auf denen es sich wesentlich bequemer sitzt als auf dem ungehobelten, harten Holz. Der Kellerraum ist immer voll. Auch in der Regenzeit ist jeder freie Platz belegt, sogar dann, wenn das durch alle Ritzen einströmende Wasser mit Schrubbern herausgewischt werden muss.

Zu Beginn jeder Messe wird als erstes eine große Musikbox mit Keyboard neben dem Altar in Position gebracht. Wegen der hohen Diebstahlgefahr wird der Riesenlautsprecher trotz enormen Gewichts vor jedem Gottesdienst in den Keller getragen und anschließend in den Konvent zurück. Zu groß ist die Angst, dass er entwendet wird. Schon lange vor der Messe wird die Gemeinde durch laute, rhythmische Lieder mit viel Schlagzeug und einem Vorsänger in Stimmung gebracht. Dann kann es schon einmal vorkommen, dass der Priester mit Jeans und Turnschuhen bekleidet in der Kirche erscheint und sich vor der Gemeinde ankleidet. Eine Sakristei gibt es nicht. Das schnell noch ausgeschaltete Handy wird auf den Altar neben den Kelch gelegt. Grundsätzlich fängt der Gottesdienst mit rund einer

166

Viertelstunde Verspätung an. Dafür ist die Messe voller Elan und Begeisterung. Jeder singt aus voller Kehle mit. Die Gemeinde wiegt sich im Rhythmus der dröhnenden Bässe aus der Musikbox. Der Verlauf der Messe ist auf bunte Blätter gedruckt, die vorher ausgeteilt werden. Darauf befinden sich nicht nur die Lieder und das Vaterunser zum Mitbeten, sondern auch Hinweise, ob man stehen oder sitzen sollte. So kann jeder den Gottesdienst gut verfolgen.

Unter den Besuchern des Gottesdienstes sind auffällig viele junge Menschen. Sie erscheinen ganz cool mit Sonnenbrille und Fußballtrikot. Manche legen ihre Füße hoch auf den Stuhl des Vordermannes. Sie sind aber alles andere als unandächtig. Ganz im Gegenteil folgen sie aufmerksam der Predigt und singen voller Überzeugung mit. Das ist eben pures Ausleben ihrer brasilianischen Freiheit. Die Lesung wird immer von Leuten aus der Gemeinde vorgetragen. Einige kenne ich vom Bau. Manche von ihnen können kaum lesen. Dann sind sie zu zweit, um sich den langen und komplizierten Bibeltext zu teilen. Niemand wird deswegen ausgelacht.

Schließlich kann es passieren, dass ein streunender Hund von der Straße während der Messe neugierig durch den Mittelgang läuft und sich schnüffelnd unter den Altar legt. Das Gelächter ist groß. Weggescheucht wird der Hund aber nicht...

Seesterne

Die Zeit ist viel zu schnell verflogen. Nur ungern lasse ich die Arbeit nach 13 Monaten hinter mir. Die Kinder, der Bau, die Schwestern und meine vielen neuen und inzwischen alten Freunde sind mir alle ans Herz gewachsen. Schwer kann ich von alldem loslassen. Die Freundschaft zu Reginaldo geht so weit, dass er mich in den letzten Wochen fragt, ob ich Patenonkel seiner dreijährigen Tochter Andrièle werden möchte. Sie soll in den nächsten Tagen getauft werden. Überglücklich sage ich zu. Zusammen suchen wir in der Stadt ein wunderschönes Taufkleid aus. Der Tag der Taufe ist einer der schönsten Momente in Brasilien und, ich bin froh, dass mir soviel Freundschaft und Vertrauen geschenkt werden.

Doch der Tag des Abschieds rückt näher und näher. Die Kinder und sogar ihre Eltern schicken mir kleine Briefe, in denen steht, dass sie nicht wollen, dass die Schule Janela para o Mundo geschlossen wird. Ein Mädchen vertraut mir an: „Durch den Klub hat sich alles geändert. Ich habe schreiben und lesen gelernt. Und malen auch. Ich habe einen ganzen Haufen neuer Dinge gelernt." Zum Abschied lade ich alle Kinder in die nahe Eisdiele ein. Die Kinder dürfen so viele Kugeln essen, wie sie möchten. Mein kleines Dankeschön an sie, denn auch ich habe von ihnen für mein Leben so viel gelernt.

Der Abschied ist schnell und unkompliziert. Die Schwestern bringen mich zum Flughafen nach Palmas. Diesmal nehme ich nicht die strapaziöse Busfahrt auf mich, sondern riskiere einen Inlandsflug über São Paulo und dann weiter nach Frankfurt. Obwohl der Flug sehr früh startet, überraschen mich ein paar Freunde in der Abfertigungshalle. Sie überreichen noch schnell einige Abschiedsgeschenke, und ich verpasse vor lauter Umarmungen fast das Flugzeug.

Im Flug zurück nach Deutschland finde ich einen losen Zettel, der zerknittert in meiner Hosentasche liegt. In der letzten Woche meines Aufenthalts hat ihn mir ein Mädchen zugesteckt. Bislang hatte ich ihn ungelesen weggefaltet. Gespannt schlage ich das dünne Papier auf. Es sind nur ein paar Zeilen. Ich beginne die brasilianische Geschichte eines unbekannten Autors zu lesen und finde die Antwort auf eine Frage, die ich seit einem Jahr in meinem Inneren trage, und die ich deswegen an dieser Stelle wiedergeben möchte:

„Es war einmal ein Schriftsteller, welcher an einem ruhigen Strand ganz in der Nähe einer Fischerkolonie wohnte. Jeden Morgen ging er durch die Dünen des Strandes, um Inspirationen zu sammeln, und am Abend kehrte er in sein Haus zurück, um zu schreiben. Eines Tages sah er von weitem eine Gestalt, die zu tanzen schien. Als er näher kam, erkannte er einen jungen Mann, welcher Seesterne vom Strand aufnahm und einen nach dem anderen in das Meer zurückwarf. Warum machst du das?, fragte der Schriftsteller. Siehst du das nicht?, sagte der junge Mann. Es ist Ebbe und die Sonne scheint heiß. Sie werden sonst in der Sonne vertrocknen und sterben. Aber, mein Junge, es gibt tausende von Kilometern Küste auf dieser Welt und hunderttausende von gestrandeten Seesternen. Was macht das für einen Unterschied? Du wirfst einige wenige in das Meer zurück. Die Mehrheit wird jedoch am Strand sterben. Da kann man nichts machen. Der junge Mann nahm noch einen Stern vom Sand und warf ihn ins Meer zurück. Er schaute den Schriftsteller an und sagte: Für diesen habe ich einen Unterschied gemacht! In jener Nacht, konnte der Schriftsteller weder schlafen noch konnte er etwas schreiben. Im Morgengrauen ging er an den Strand. Er vereinigte sich mit dem jungen Mann und gemeinsam warfen sie Seesterne in das Meer zurück..."

Ein gutes Jahr so reich an Erfahrungen und Erlebnissen liegt hinter mir. Mit Sicherheit kann ich sagen, dass mich dieses Jahr sehr geprägt hat. Die vielfältige Schönheit, Religiosität und Problematik Brasiliens werde ich nie vergessen. Freundlichkeit, Offenheit, Gastlichkeit und Fröhlichkeit sind nur wenige Aussagen über die, die trotz ihrer schweren Lebensverhältnisse reine Lebensfreude ausstrahlen. Am Anfang dachte ich, alles sei nur ein Abenteuer – doch jetzt weiß ich, dass es das Leben ist. Und während ich durch die kleine Fensterluke vom Flugzeug aus auf die winzigen, orangenen Punkte hinunterschaue, kommt Dankbarkeit für diese Einblicke in mir auf, und ich weiß mit Sicherheit, dass ich nicht das letzte Mal in Brasilien gewesen bin. Adeus Brasil!

* * *

Matthias Felix Henke wurde 1981 in Witten/Ruhr geboren und ist in Nottuln/Westf. und in Kassel/Hessen aufgewachsen. Mit 19 Jahren leistete er in Palmas/Tocantins (Brasilien) den „Anderen Dienst im Ausland". Für die 13monatige ehrenamtliche Alternative zum Zivildienst wurde er 2001 durch das Land Hessen mit dem 1. Platz für "Ehrenamtliches Jugendengagement" ausgezeichnet. Im selben Jahr begann er das Jurastudium mit Begleitstudium Europarecht in Würzburg. Zur Zeit promoviert er im europäischen Vertragsrecht.